BOSH!

FLEISCH VEGAN

Bitte beachten Sie bei der Verwendung von Küchengeräten immer die Gebrauchsanweisung und die Produktspezifischen Eigenschaften!

Bibliografische Information der Deutschen Bibliothek.

Die Deutsche Bibliothek verzeichnet diese Publikation in der Deutschen Nationalbibliografie.
Detaillierte bibliografische Daten sind im Internet über http://www.dnb.de/ abrufbar.

EIN BUCH DER EDITION MICHAEL FISCHER

1. Auflage 2023

Erstveröffentlicht in Großbritannien bei HQ (Imprint von HarperCollinsPublishers Ltd).

Titel der Originalausgabe: BOSH! Meat –Delicious. Hearty. Plant-based.

Aus dem Englischen übertragen von Dr. Katrin Korch
Projektmanagement und Lektorat: Lena Buch
Covergestaltung und Satz: Theresa Bull
Fotos: Lizzie Mayson
Lifestyle photography: Nicky Johnston
Food Styling: Eleanor Mulligan
Prop Styling: Louie Waller
Grafik Design und Layout: Studio Polka

ISBN 978-3-7459-2115-1
Gedruckt in Indien
www.emf-verlag.de

HENRY FIRTH & IAN THEASBY

FAKE YOUR MEAT!

BOSH!

FLEISCH VEGAN

WILLKOMMEN

Hallo und willkommen in unserem bisher besten Buch! In den letzten fünf Jahren haben wir sechs Bücher geschrieben, über eine Millionen Exemplare davon verkauft und dabei beobachtet, wie sich die Welt verändert. Wo es in den Läden immer mehr leckere Lebensmittel als jemals zuvor gibt, ist es endlich an der Zeit, dass wir das Fleisch hinter uns lassen. Wir können euch endlich das beste Essen des Planeten Erde präsentieren, das nur aus Pflanzen hergestellt ist.

Es findet gerade eine Lebensmittelrevolution statt, eine neue Art zu kochen. Wir werden alle deine Lieblings-Fleischgerichte zubereiten, aber ganz ohne irgendwelche Tiere.

Das ist wunderbar. Das ist inspirierend. Diese Art, über Lebensmittel nachzudenken, steht an der Spitze einer kulinarischen Innovation. Seit Jahrtausenden essen wir Tiere, aber erst in den letzten fünf Jahren wurde es möglich, wirklich jedes Gericht mit pflanzlichen Lebensmitteln zuzubereiten. Wundervoll!

Als wir begannen, Rezepte zu kreieren, bestanden alle veganen Gerichte nur aus Obst und Gemüse. Aber das hat sich weiterentwickelt, und Genies haben Innovationen hervorgebracht. So ist es jetzt ganz leicht, Burger, Steaks, Würstchen, Chicken Wings und mehr zu genießen, die komplett pflanzlich sind.

Warum Fleisch, könntest du fragen? Nun, wir sind und waren schon immer im Grunde unseres Herzens Fleischliebhaber. Wir lieben diese komplexen und würzigen Fleischaromen. Es ist auch nichts falsch daran, den Geschmack eines Hähnchens zu mögen! Was wir aber nicht mögen, ist das, was damit verbunden ist: Die Art, wie Tiere behandelt werden, und wie Fleisch auf kommerzielle Weise produziert wird, ist unverantwortlich und fühlt sich oft mittelalterlich an. Damit wollen wir nichts zu tun haben! Und wir sorgen uns auch zutiefst um unseren Planeten, den wir zukünftigen Generationen bewahren wollen.

Wir werden dir zeigen, wie schmackhaft Pflanzen sein können, und dass Aussehen, Textur und Geschmack solcher Gerichte wie Fleisch sein können. Wir zeigen dir, wie du brillante Gerichte kochen kannst, die sättigen, Eindruck schinden und begeistern, und das alles mit Produkten, die man leicht im Supermarkt bekommt.

Große spektakuläre Gerichte, supereinfache, schnelle Abendessen und tolle Ideen für einen einfachen Lunch bis hin zu phänomenalen süßen Leckereien und vieles, vieles mehr – das alles findest du in diesem Buch. Ob du veganes Fleisch kaufen oder selber zubereiten willst, wir haben alles für dich.

Dieses Buch eignet sich für alle, die entweder weniger Fleisch essen wollen, oder die vegan, vegetarisch oder auch flexitarisch leben. Eine einzigartige schmackhafte Welt von Aromen wartet auf dich!

Big love,
Henry und Ian x BOSH!

IN DIESEM BUCH

Was ist veganes Fleisch?

Veganes Fleisch – das sind Fleisch nachempfundene Produkte, die aus Pflanzen und nicht aus Tieren hergestellt wurden. Oft enthält es Proteine aus Hülsenfrüchten, Weizen oder Kartoffeln, Gemüse und natürliche Aromen. Manchmal ist veganes Fleisch aber auch einfach eine Kombination aus Gemüse, Nüssen, Getreide oder anderen Pflanzen, die wie Fleisch schmecken oder aussehen, wenn sie auf die richtige Art zubereitet wurden! Man kann es kaufen, oder du machst es einfach selbst (siehe Seite 26–41). Veganes Fleisch ist normalerweise besser für den Planeten und kann auch für dich sehr gut sein.

Ein Buch über Fleisch aus Pflanzen

Dieses Buch ist in Fleischsorten-Kapitel unterteilt, damit du die Rezepte nach dem jeweiligen Geschmack heraussuchen kannst. Wenn du nach etwas mit rotem Fleisch suchst oder nach einem köstlichen hähnchenartigen Gericht, schlage einfach in dem entsprechenden Kapitel nach. Du findest hier auch Käsegerichte und Desserts, die so gut sind, dass du nicht glauben wirst, dass sie rein pflanzlich sind.

Pflanzliches Fleisch und fleischige Pflanzen

Diese Gerichte haben einen kräftigen Fleischgeschmack, sind voller Aromen und Protein und schmecken köstlich. Hier findest du wundervolle Möglichkeiten, Gerichte aus pflanzlichem Fleisch zu kreieren, sowie Rezepte, die das Gemüse feiern. Mit Zutaten wie Pilzen und Jackfruit bleibt die vertraute Proteinstruktur erhalten.

Volles Aroma, volle Textur

Wir zeigen dir, wie du mit Zutaten wie Sojasauce, Hefeextrakt oder Tomatenmark intensive Aromen erzeugen kannst, und wie du fleischige Texturen aus unterschiedlichen Lebensmitteln mit verschiedenen Eigenschaften erzeugen und diese perfekt zubereiten kannst.

Gekauft (oder selbst gemacht)

Jede*r hat einen vollen Alltag, daher haben wir Wert auf Zutaten gelegt, die leicht erhältlich sind. Dies ist der ultimative Guide fürs Kochen mit pflanzlichen Lebensmitteln, die du in den meisten Supermärkten und Geschäften bekommst! Aber wenn du zu den Hobbyköch*innen gehörst, die gerne viel Zeit in der Küche verbringen, kannst du auch dein eigenes Fleisch-, Fisch- oder Milchprodukt herstellen.

Unglaubliche Farben und Aromen

Wenn du durch das Buch blätterst, wirst du in unseren Gerichten die ganze Farbpalette entdecken! Farbe ist ein wichtiger Hinweis auf gesunde Lebensmittel, denn unser Körper sehnt sich instinktiv nach pflanzlichen Nährstoffen. Daher helfen wir dir, gesund zu bleiben, indem du Pflanzen aller Art isst und dabei unglaublich sättigende Mahlzeiten genießen kannst.

Essen für den Alltag und für jede Gelegenheit

Hier findest du Rezepte fürs Wochenende, für spektakuläre Dinner und aufwändigere Feste, schnelle Gerichte, Slow Food, Sandwiches, Abendessen, Lunch und Desserts. Du findest hier neben einfachen Kochtechniken auch etwas komplexere, sowie einzigartige Kreationen, neu erfundene Restaurantklassiker und Lieblingsgerichte aus der ganzen Welt. Wir hoffen sehr, dass dies dein neues Lieblingskochbuch wird!

DIE ZUKUNFT DES FLEISCHS SIND PFLANZEN

EINE NEUE ART, ÜBER FLEISCH NACHZUDENKEN

Historisch betrachtet war Fleisch für das Überleben der Menschheit unglaublich wichtig. Fleisch war eine wichtige Nährstoffquelle und Energiespeicher. Daher ist es kein Wunder, dass das Essen von Fleisch so in unseren Traditionen verwurzelt ist.

UNSER GESCHMACK ENTWICKELT SICH WEITER

Wir werden uns über die Auswirkung unseres Handelns auf die Welt bewusst. Heute kommt es nicht mehr nur auf den Geschmack an, heute wollen wir Lebensmittel, die sich positiv auswirken, und Verfahren wie „fair trade“ und „biologisch“, die den Ursprung und den Weg eines Produkts erklären. Wir denken darüber nach, was für eine Wahl wir haben, was gut für uns UND den Planeten ist, und wir erschaffen neue, bessere Systeme der Lebensmittelerzeugung. Das bedeutet, dass wir weiterhin die Gerichte genießen können, die wir mögen. Aber es ist möglich, dass sie pflanzlich hergestellt werden.

ENERGIE AUS SONNENLICHT

Pflanzen verwandeln Sonnenenergie in Kalorien, die wir essen können. Sie nehmen Energie aus dem Sonnenlicht auf, mischen sie mit Wasser und wachsen. Wenn wir Pflanzen essen, machen wir uns diese Energie ebenfalls zunutze. Dies ist ein sehr effizienter Prozess, weil es sich um saubere, erneuerbare Nahrungsenergie für unseren Körper handelt. Man könnte sogar sagen, dass das Essen eines veganen Burgers mit dem Fahren eines Elektroautos vergleichbar ist: In erster Linie ist es eine tolle Erfahrung, aber es fühlt sich auch modern, frisch und cool an. Es ist logisch und verantwortungsbewusst. Im Vergleich braucht ein tierischer Burger mehr Ressourcen und erzeugt bedeutend mehr Abfall. Die Tierhaltung verbraucht unverhältnismäßig mehr Fläche und Wasser und ist für weitaus mehr Treibhausgase verantwortlich als die Produktion pflanzlicher Lebensmittel. Es ist einfach eine weniger effiziente Art, Energie aus Lebensmitteln zu gewinnen.

DIES IST DER BEGINN EINES NEUEN ZEITALTERS

Mehr Unternehmen als je zuvor richten ihren Fokus auf veganes Fleisch. So können die Dinge nur besser werden. Was für eine Zeit, in der wir leben!

WIE GUT IST ES FÜR MICH UND FÜR DEN PLANETEN?

Generell gilt, und das haben Studien der Universitäten Oxford und Harvard sowie von Future Foods bewiesen, dass pflanzliche Alternativen besser für die Umwelt und für die menschliche Gesundheit sind als ihre tierischen Verwandten. Pflanzliche Produkte haben meist bessere Nährwerte als tierische.* Studien haben ebenso gezeigt, dass es effizienter ist, Lebensmittel aus Pflanzen als aus Tieren herzustellen, da sie weniger Treibhausgasemissionen verursachen, weniger Fläche und Wasser benötigen und weniger umweltschädlich sind. Und mit der Verbesserung von Technologien wird veganes Fleisch noch energieeffizienter in der Herstellung.

—

***Quellen: Britisches Nutrient Profiling Model sowie bath.ac.uk/announcements/plant-based-meat-healthier-and-more-sustainable-than-animal-products-new-study**

FAKTEN ÜBER VEGANE FLEISCHPRODUKTE

DIE LEBENSMITTELREVOLUTION

Wir stehen an der Spitze dieser Lebensmittelrevolution. Jeden Monat werden neue Produkte, Zutaten und Kochtechniken für pflanzliche Produkte geschaffen. Es gibt ein großes Sammelsurium an Möglichkeiten.

EINE GESUNDE ALTERNATIVE

Zu einer gesunden Ernährung gehört eine ausgewogene Zufuhr vieler Nährstoffe, unter anderem Protein (Eiweiß). Der menschliche Körper braucht Proteine, um Zellen zu reparieren, zu erhalten und neue zu bilden, vor allem für Knochen und Muskeln. Historisch betrachtet, war der einfachste Weg, Eiweiß aufzunehmen, der Verzehr von tierischen Proteinen wie Fleisch, Milchprodukten und Eiern. Aber auch pflanzliche Lebensmittel können proteinreich sein, etwa Bohnen, Getreide, Nüsse und Soja. Mit der modernen Entwicklung von veganen Fleischprodukten ist es jetzt noch einfacher, Proteine in die Ernährung zu integrieren.

IST VEGANES FLEISCH GUT FÜR MICH?

Ganz einfach: Das hängt davon ab, was du isst und wie oft. Es gibt Marken, die du kaufen kannst, und Zubereitungsweisen für veganes Fleisch, die gut für dich sind. Pflanzliches Fleisch enthält meist viele Proteine, Vitamine und Ballaststoffe. Aber wie bei allen Dingen, gibt es auch Marken, die zu viele Chemikalien verwenden oder ihre Produkte mit Salz oder gesättigten Fettsäuren vollpacken. Solltest du täglich Speck essen? Wahrscheinlich nicht ganz gleich, ob er pflanzlichen oder tierischen Ursprungs ist!

WIE SOLL ICH EINE AUSWAHL TREFFEN?

Wir haben einen supereinfachen Leitfaden zum Lesen von Etiketten entwickelt, der dir hilft, dich bei den unterschiedlichen veganen Marken zurechtzufinden (Seite 18–19). Gewöhne dir an, die Etiketten zu lesen, damit du weißt, was in den Lebensmitteln drin ist, bevor du sie kaufst. Probiere verschiedene Marken aus, so findest du neue Favoriten. Informiere dich über das, was du isst, und übernimm Verantwortung für dein eigenes Wohlbefinden. Finde heraus, was dir schmeckt, was gut für dich ist, und was du lieber lassen solltest. Und sprich immer mit Ärzt*innen oder qualifizierten Ernährungsberater*innen, wenn du dir nicht sicher bist.

Wann soll ich es essen?

Natürlich ist es deine Sache, wann du veganes Fleisch isst. Du kannst es bei jeder Mahlzeit essen oder ein- bis mehrmals pro Woche, das ist ganz und gar deine Entscheidung. Die gute Nachricht ist, dass du in jedem beliebigen Rezept, egal ob aus diesem Buch oder von woanders, tierisches Fleisch durch veganes ersetzen kannst. Mach dich mit ein paar Marken vertraut oder probiere ein paar Techniken aus, um es selbst herzustellen, so kannst du mit Leichtigkeit jedes Rezept abwandeln.

Was ist, wenn ich ins Fitnessstudio gehe oder Diät mache?

Veganes Fleisch eignet sich hervorragend als Unterstützung für Fitnesstraining oder Diäten, sogar auch bei einer ketogenen Ernährung. Es ist voller Protein und kann die Muskelbildung fördern. Besprich dich vorher nur mit Trainer*innen, Ernährungsberater*innen oder Ärzt*innen und informiere dich selbst.

Die folgende Tabelle veranschaulicht die unterschiedlichen Auswirkungen pflanzlicher beziehungsweise tierischer Fleischprodukte auf unseren Planeten in Bezug auf die Kohlendioxidemissionen.

kg CO_2-Emissionen pro 1 kg produzierter Lebensmittel			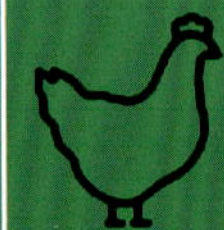	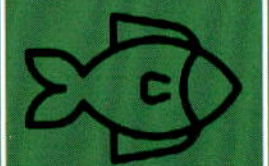		
	71	12	10	14	24	3.2
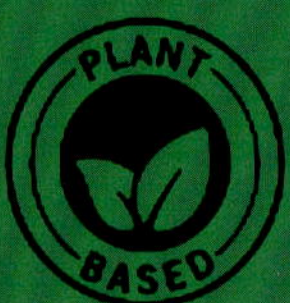	Pflanzliches Protein, Tofu, Soja: 1–6				2.2-3.1	0.7-1.2

Hoch CO_2 ↕ Niedrig CO_2

Quellen für die Emissionszahlen: Rind, Schwein, Hähnchen, Erbsenprotein: plantbasednews.org; Zuchtfisch, Tofu, Milch: ourworldindata.org; Käse vs. veganer Käse: violifefoods.com report by Quantis sustainability consultancy, April 2022; Soja: consumerecology.com; Seitan: thevegan-review.com; veganer Burger-Ersatz: sciencedirect.com/science/article/pii/S2666833522000612#bib0085

EINE KURZE GESCHICHTE DES VEGANEN FLEISCHS

Alte Weisheit

Fleischalternativen scheinen erst in den letzten fünf Jahren aufgetaucht zu sein, aber in Wirklichkeit gibt es sie schon länger. Tofu wurde erstmals 995 v. Chr. in dem Buch „Einfach und exotisch" des chinesischen Schriftstellers Tao Ku erwähnt, und anscheinend wurde Seitan von buddhistischen Mönchen vor fast 1500 Jahren entdeckt! Natürlich waren wir damals nicht dabei, daher werden wir auflisten, was uns aufgefallen ist, seit wir uns pflanzlich ernähren.

2015–2020

Raum für Wachstum

2015 waren die einzigen veganen Produkte in den Kühlschränken großer Supermärkte Bohnen-Burger und Falafel. Wenn du vegane Milch haben wolltest, musstest du Sojadrink trinken. Hochwertige dunkle Schokolade war die einzige vegane Süßspeise, und Margarine der einzige vegane Ersatz für ein Milchprodukt. Wenn du großes Glück hattest, konntest du im Gefrierfach großer Supermarktketten auch mal vegane Würstchen finden.

↓

2020er-Jahre

Beginnende Anpassung

Zu Beginn der 2020er-Jahre explodierte das vegane Angebot in den Supermärkten. Jackfruit, Bananenblüte, Tempeh, Tofu, braune Kräuterseitlinge, vegane Würstchen, Burger, Speck und Hähnchen gesellten sich zu Hafer-, Kokos- und Haselnussdrink sowie zu einer Vielzahl von Keksen, Donuts und Kuchen. Streichfähige vegane Butter und Schmelzkäse ergänzten die Gefrierfächer voller veganer Würstchen, Pizzen, Fischstäbchen, Hackfleischbällchen und Eis. Heute bekommt man fast alles, was man sucht, in den Supermärkten. Die letzten Jahre waren eine Zeit revolutionären Wandels, dabei hat alles gerade erst angefangen.

↓

ab 2022

Systemwechsel

Vegane Lebensmittel gehören heute zum Big Business. Neue Produktionsanlagen und -techniken werden mehr veganes Fleisch herstellen, das preiswerter und schmackhafter ist als jemals zuvor. Die Verkaufszahlen werden steigen, und es wird dem Fleisch tierischen Ursprungs Marktanteile abnehmen. Die Umsätze und Marketingbudgets werden wachsen. Junge, früh an den Verzehr veganer Produkte gewöhnte Menschen werden älter und geben ihre Einkaufsgewohnheiten an ihre Kinder weiter, was dazu führt, dass sich die Industrie zu einem System wandelt, in dem Pflanzen an erster Stelle stehen, und Produkte tierischen Ursprungs seltener und teurer werden. Heute wirkt das vielleicht wie Science Fiction, aber das kann leicht zur Realität werden. Denke nur an die Handys heutzutage und welche Entwicklung sie in den letzten 20 Jahren durchlaufen haben. Stell dir vor, wie vegane Ernährung in 20 Jahren aussehen könnte. Das ist wirklich sehr aufregend.

Wir sollten uns alle um unsere Gesundheit Gedanken machen. Wir glauben fest daran, dass es für ein gesundes, langes Leben wichtig ist, auf unsere Ernährung zu achten. Wie du vielleicht weißt, schwören wir auf unsere 5 Goldenen Regeln. Diese Regeln sind die Säulen, auf denen wir stehen, um uns gut zu ernähren und gesund zu bleiben. Sie sind ein guter Startpunkt.

1. Das richtige Verhältnis: 50 / 25 / 25

Versuche, ungefähr 50 % Obst und Gemüse, 25 % Getreide und 25 % Eiweiß zu essen. Dieses Verhältnis verhilft dir zu einer ausgewogenen Ernährung.

2. Vielfalt auf dem Teller

Lege dir bei jeder Mahlzeit eine große Auswahl von Lebensmitteln auf den Teller. Unterschiedliche Farben, Texturen, Zutaten und Aromen machen nicht nur deinen Körper glücklich, sie erfreuen auch deine Geschmacksnerven!

3. Grünes Gemüse essen!

Das ist eine naheliegende Regel, die aber leicht vergessen wird. Je mehr grünes Gemüse du isst, umso besser!

4. Das 80:20-Verhältnis im Blick behalten

Einfach, aber supereffektiv: Iss zu 80 % gesunde Lebensmittel und verwöhne dich mit den restlichen 20 % mit verführerischen Leckereien. Was die veganen Fleischalternativen betrifft, so ist die vierte unserer 5 Goldenen Regeln – das 80:20-Verhältnis im Blick behalten – die wichtigste. Im Durchschnitt kochen wir ein paar Mal in der Woche mit veganem Fleischersatz. Es macht Spaß, damit zu kochen und er schmeckt superlecker, wenn er richtig zubereitet wird. Aber veganes Fleisch ist ein industriell verarbeitetes Lebensmittel. Einige der angebotenen Produkte können einen hohen Anteil an gesättigten Fettsäuren und Salz enthalten, ebenso künstliche Farb-, Konservierungs- und Aromastoffe. Wir meinen, dass es, wie bei allem im Leben, wichtig ist, eine Balance zu finden. In diesem Buch haben wir ein ausgewogenes Verhältnis von Rezepten mit veganen Fleischalternativen und Rezepten mit fleischigem Gemüse gefunden.

5. Vitamine supplementieren

Ein einfacher Weg sicherzugehen, dass du täglich ausreichend Vitamine zu dir nimmst, ist, jeden Tag ein Multivitaminprodukt einzunehmen. Das gilt nicht nur für Veganer*innen, sondern für jede*n von uns! (Du weißt, dass es sinnvoll ist.)

ETIKETTEN LESEN

Es kann ein Minenfeld sein, sich im Supermarkt zurechtzufinden und die richtigen Produkte zu finden! Am wichtigsten ist es, die Etiketten zu lesen, damit man versteht, was darin ist. Für uns gibt es einige Zutaten, die wir gut finden, und andere, die wir weniger essen oder ganz vermeiden.

Generell gilt, dass wir versuchen, möglichst viel Vollwertkost, Pflanzen, Gemüse, Obst, Nüsse und Samen zu essen, aber wir freuen uns auch über das neue vegane Fleisch, das es nun in den Geschäften gibt.

Es enthält viele Komponenten, die schrecklich klingen, die es bei genauer Betrachtung aber nicht sind. Manches wie Methylcellulose hat einen scheußlichen Namen, aber dabei handelt es sich nur um ein Verdickungsmittel oder Emulgator, der in vielen Lebensmitteln vorkommt: in Saucen, Dressings, Fleisch, veganem Fleisch, Eis, Brot, Kuchen und Schokolade.

Pflanzliche Lebensmittel sind neu und der Bereich entwickelt sich weiter, weshalb es schwierig sein kann, den Überblick zu behalten. **Auf den nächsten beiden Seiten** findest du eine Liste von Zutaten, die in den meisten pflanzlichen Lebensmitteln vorkommen. Wir haben sie in solche unterteilt, die einen hohen, mittleren oder geringen Anteil bei unserer Ernährung haben bzw. die wir ganz weglassen sollten.

Informiere dich auch hier wie immer selbst, triff deine eigenen Entscheidungen und hole dir bei Bedarf Rat. Wir sind Köche, keine Ernährungsberater. Wir zeigen dir, auf welcher Grundlage wir unserer Entscheidungen fällen.

SCHLAG RUHIG ZU!

Wir legen Wert auf pflanzliche Lebensmittel mit folgenden gesunden Inhaltsstoffen.

PFLANZEN

- **Linsen** – Quelle für Ballaststoffe und Spurenelemente
- **Pilze** – antioxidative und antimikrobielle Eigenschaften
- **Nüsse und Samen** – Quelle für gesunde Fette, Ballaststoffe, Vitamine und Mineralstoffe
- **Bohnen und Hülsenfrüchte** – Quelle für Proteine und Spurenelemente
- **Jackfruit** – Quelle für Antioxidantien und Ballaststoffe, stärkt das Immunsystem, die Verdauung und Herz
- **Nattō** (fermentierte Sojabohnen) – wie Tofu, enthält aber durch zusätzliche Fermentierung probiotische Stoffe. Höherer Gehalt an Nährstoffen und Proteinen. Stärkt die Verdauung und das Herz
- **Soja-, Hafer-, Mandeldrink, Kokosmilch** – auf natürliche Weise aus der Grundzutat gewonnen
- **Seitan** – sehr proteinhaltig, aber manche Produkte enthalten viele Konservierungsstoffe und Salz
- **Tempeh** – ähnlicher Fermentationsprozess wie bei Nattō; kann den Cholesterinspiegel senken und ist weniger stark verarbeitet als Tofu. Erfordert noch Konservierungsstoffe
- **Tofu** – prima Quelle für schützende Antioxidantien

NATÜRLICHE AROMEN UND FARBSTOFFE

- Frucht- / Gemüsekonzentrate, Kräuter, Gewürze, Hefeflocken

ETWAS HIERVON IST OKAY

Diese industriell hergestellten Produkte sind oft in veganen Lebensmitteln enthalten und nicht per se schlecht, wenn man sie in moderaten Mengen verzehrt.

PROTEINE

- Erbsenprotein · Sojaprotein · Reisprotein · Weizenprotein · Kichererbsenprotein · Mycoprotein

AROMEN

- Natürliche Aromen · Hefeflocken · Kräuter und Gewürze · Salz

FETTE

- Kokosöl · Pflanzenöl · Sonnenblumenöl · Sheabutter · Rapsöl

BINDEMITTEL

- Bambusfasern · Kartoffelfasern / -stärke · Erbsenfasern

LIEBER WENIGER

Überprüfe die Etiketten auf diese industriell verarbeiteten Zutaten und betrachte diese Produkte als gelegentliche Leckerei.

ZUSATZSTOFFE

- **Maltodextrin** – eine hochverarbeitete pflanzliche Stärke, ähnlich wie Maissirup
- **Industriell verarbeitete Geliermittel** wie Gellan Gum, E 418

KONSERVIERUNGSSTOFFE

- **Natriumdisulfit,** E 223
- **Diphosphate,** E 450
- **Calciumacetat,** E 263

Generell achten wir auf die Position der verarbeiteten Zutaten auf den Lebensmitteletiketten: Je weiter unten sie auf der Liste stehen, umso besser. Denn das bedeutet, dass wenig davon enthalten ist.

VERMEIDE

Lass möglichst die Finger von pflanzlichen Lebensmitteln mit folgenden Zutaten, sie sind für die Herstellung leckerer veganer Produkte nicht nötig. Generell gilt es als gesundheitsschädlich, wenn man große Mengen davon verzehrt.

LEBENSMITTEL MIT HOHEM ANTEIL AN:

- **Salz:** kann als Natriumchlorid, Kaliumchlorid oder Calciumchlorid aufgeführt sein
- **gesättigten Fettsäuren** und / oder Kalorien
- **Zucker** und/oder Maissirup

INDUSTRIELL VERARBEITETE ZUTATEN

(mit einem hohen Anteil an Zusatzstoffen, auf den Etiketten oft mit E-Nummern angegeben)

ISS DEINE NÄHRSTOFFE

Wir sollten alle unsere Ernährung ernst nehmen. Hier sind die Vorteile von Vitaminen und Mineralstoffen, die uns helfen, gesund zu bleiben.

Vitamin A	**Kann die Sehkraft stärken / unterstützt das Immunsystem** Butternusskürbis • Möhren • Spinat
Vitamin B12	**Günstiger Einfluss auf Stimmung und Energie / erhält die Nervenzellen** Hefeflocken • Hefeextrakt • einige vegane Fleischalternativen
Omega-3-Fettsäuren	**Erhält ein gesundes Herz-Kreislauf-System aufrecht / wichtig für die Hirnfunktion** Walnüsse • Chiasamen • Rapsöl
Vitamin D	**Unterstützt die geistige Gesundheit / kann Krebs vorbeugen / gut für die Knochen** Vitamin-D-haltige Pilze • Vitamin-D-haltige Getreideprodukte • Sonne
Calcium	**Gut für die Hirnfunktion / stärkt Knochen und Zähne** Grünkohl • Tofu • Mandeln
Eisen	**Unerlässlich für einen guten Blutfluss / unterstützt den Stoffwechsel** Linsen • Süßkartoffeln • Artischocken
Magnesium	**Repariert und erneuert die Zellen / versorgt dich mit Energie** Spinat • schwarze Bohnen • Bananen
Zink	**Gut für das Immunsystem** Nüsse • grünes Blattgemüse • Haferflocken
Ballaststoffe	**Gut für gesunde Darmbakterien / erleichtern die Gewichtskontrolle** Beeren • Popcorn • Vollkornnudeln
Jod	**Unterstützt die Funktion der Schilddrüse** Angereicherter Mandeldrink • Algen • Jodtabletten

ISS DEINE PROTEINE

Wenn du damit begonnen hast, dich vegan zu ernähren, fragst du dich bestimmt, woher du dein Eiweiß nehmen sollst. Hier folgt eine Liste mit pflanzlichen Proteinquellen, die dir helfen kann.

Vegane Fleischalternativen	Seitan, Tofu und weitere Produkte aus dem Handel
Hülsenfrüchte	Bohnen, Erbsen und Linsen
Getreide	Brauner Reis, Quinoa und Weizenbulgur
Nüsse	Mandeln, Paranüsse und Erdnüsse
Samen	Chiasamen, Sonnenblumen- und Kürbiskerne
Gemüse	Grünes Blattgemüse und Kartoffeln
Aufstriche	Hummus, Tahin und Nussbutter
Anderes	Spirulina, dunkle Schokolade und pflanzliches Proteinpulver

MEATY SOULFOOD

Wir haben dir diesen kleinen Überblick von Rezepten zusammengestellt, um dir ein paar wirklich leckere Gerichte für jede Gelegenheit zu zeigen, etwas Besonderes für ein Essen mit dem*r Partner*in oder ein reichhaltiges, würziges extravagantes Curry-Essen mit Freund*innen.

DATE NIGHT

- **Knusprige Gnocchi mit Thunfisch-Sauce alla Puttanesca** (Seite 178)
- **Créme Brûlée** (Seite 230)
- **Würzige Lamm-Tajine mit Safran-Couscous** (Seite 164)
- **Chorizo-Risotto** (Seite 126)
- **Fladenbrot mit Lamm und Minze-Joghurt nach libanesischer Art** (Seite 162)
- **Date-Night-Jakobsmuscheln** (Seite 174)
- **Orzo-Bällchen** (Seite 84)
- **Eton Mess** (Seite 232)
- **Spanakopita mit Tomaten-Granatapfel-Salat** (Seite 208)

FAKEAWAY

- **Knusprige Rindfleischstreifen mit gebratenem Reis** (Seite 100)
- **Knusprige Chicken Wings auf koreanische Art** (Seite 46)
- **Weeping Tiger Jay** (Seite 124)
- **Kung Pao Huhn** (Seite 72)
- **Pho King** (Seite 114)
- **Nudeln mit schwarzen Bohnen und Hähnchen** (Seite 54)
- **Party-Pizza mit Würstchen** (Seite 216)
- **Gyoza mit Schweinefleischfüllung und würzigem Dip** (Seite 122)
- **Entenpfannkuchen** (Seite 70)

CURRY NIGHT

- **Fleischiges Bhuna mit würzigem Reis-Pilaw** (Seite 158)
- **Garnelen-Malai** (Seite 186)
- **Kare Raisu** (Seite 62)
- **Keema Paratha mit Kokoschutney** (Seite 86)
- **Lamm auf Kaschmir-Art mit Dum Aloo und Schwarzkümmel-Naan** (Seite 140)
- **Chicken Tikka Masala** (Seite 68)
- **Gaeng Phed Ped Yang mit Kokosreis** (Seite 58)

SANDWICHES

- **Hummerbrötchen** (Seite 182)
- **Pesto-Hähnchen-Sandwich** (Seite 57)
- **Ganz besonders leckeres Fischfilet** (Seite 172)
- **Philly Cheesesteak** (Seite 78)
- **BBQ Smash Burger** (Seite 98)
- **KO-Club-Sandwich** (Seite 74)
- **Chippy's Hottest Dog** (Seite 132)
- **Po'Boy-Garnelen-Sandwich** (Seite 192)
- **Coronation-Chicken-Salat** (Seite 60

VEGANES FLEISCH SELBST MACHEN

WÜRSTCHEN

Du kennst wahrscheinlich schon vegane Würstchen, aber hier erfährst du, wie du sie selbst machen kannst. Wir von BOSH haben den Geschmack bewusst einfach gehalten. Wenn du willst, kannst du noch mit ein paar Gewürzen spielen und sie nach deinen Vorlieben abwandeln.

FÜR 8 WÜRSTCHEN

FÜR DIE FEUCHTEN ZUTATEN

120 g Kichererbsen (Dose)
200 ml Gemüsebrühe
80 g Aquafaba (Kichererbsenwasser aus der Dose)
1 EL raffiniertes Kokosöl
1 EL Coco Aminos (Würzsauce aus Kokosblütennektar)
1 TL flüssiges Raucharoma

FÜR DIE TROCKENEN ZUTATEN

150 g Weizengluten
2 EL Hefeflocken
1 TL Knoblauchpulver
1 EL Buchweizenmehl
2 EL Röstzwiebeln
1 TL Rote-Bete-Pulver

ZUM BRATEN

Pflanzenöl

Leistungsstarker Standmixer • Butterbrottüten • Dampfkochtopf und Dampfkörbchen • Gusseiserne Pfanne

Feuchte Zutaten verarbeiten • Alle feuchten Zutaten in einen leistungsstarken Standmixer geben und mixen, bis eine glatte Masse entsteht

Trockene Zutaten verarbeiten • Alle trockenen Zutaten in eine große Schüssel geben und verrühren, bis keine Klümpchen mehr zu sehen sind • Die feuchte Mischung zu der trockenen geben und gut mixen, bis ein grober Teig entsteht • Aus dem Mixer nehmen und 3 Minuten auf der Arbeitsfläche kneten, bis sich Teigfasern bilden – wichtig: Den Teig nicht zu lange kneten, wie etwa für Brot

Teig ruhen lassen • Nach 3 Minuten in eine Butterbrottüte oder in Frischhaltefolie wickeln und 5 Minuten ruhen lassen

Würstchen formen • Anschließend die Masse in 8 gleich große Kugeln von jeweils etwa 70 g formen • Jede Kugel mit den Händen grob zu einer Wurst rollen, dann in Frischhaltefolie wickeln und zu einer Wurst formen • Die Folie an den Enden verdrehen, damit die Form kompakt wird

Würstchen im Dampf garen • Die Würstchen 35 Minuten in einem Dampfkörbchen garen • Danach etwas abkühlen lassen und dann braten oder bis zur Verwendung in den Kühlschrank legen

Würstchen braten • Würstchen aus der Folie nehmen • Eine gusseiserne Pfanne bei mittlerer Temperatur erhitzen und etwas Pflanzenöl hineingeben • Dieses erwärmen, dann die Würstchen hineinlegen • Langsam von allen Seiten 3–4 Minuten karamellisieren lassen, dabei immer wieder umdrehen, bis sie außen goldbraun und gar sind

HINWEISE

Durch das Rote-Bete-Pulver werden die rohen Würstchen hellrot / rosa, nach dem Braten verfärben sie sich dann braun.

Die Würstchen halten sich nach dem Braten sorgfältig in Folie gewickelt bis zu 5 Tage, im Gefrierschrank bis zu 3 Monate.

SPECK

Für gute Eier mit schön gewürfeltem Speck und für ein perfektes spätes Frühstück. Dies ist das Speckrezept, das du schon immer haben wolltest. Er sieht fantastisch aus, hat genau die Textur, auf die du aus bist, und er brutzelt beim Braten richtig. Mach dir eine Portion davon – du wirst begeistert sein!

ERGIBT 500 G

FÜR DIE ROTE SCHICHT

160 g Kichererbsen (Dose)
120 g Aquafaba (Kichererbsenwasser aus der Dose)
1 TL Knoblauchpulver
2 TL geräuchertes Paprikapulver
1 EL Pilzpulver
1 EL geröstetes Sesamöl
10 g Hefeflocken
20 g Tomatenmark
2 TL flüssiges Raucharoma
1 TL Apfelessig
½ TL Agavendicksaft
20 g helle Misopaste
2 EL Rote-Bete-Pulver
140 g Weizengluten

FÜR DIE HELLE SCHICHT

120 g Aquafaba (Kichererbsenwasser aus der Dose)
30 g helle Misopaste
30 g Kichererbsen (Dose)
140 g Weizengluten

ZUM BRATEN

raffiniertes Kokosöl
Meersalz und schwarzer Pfeffer

Leistungsstarker Standmixer • Butterbrottüten • Teigrolle • Großes Schneidebrett • Langes, scharfes Messer • Große, beschichtete Pfanne • Küchenpinsel

Rote Schicht zubereiten • Alle Zutaten bis auf das Weizengluten in einen leistungsstarken Standmixer geben und relativ glatt pürieren • Die Masse herausnehmen, das Weizengluten dazugeben und von Hand 3 Minuten kneten • Dann halbieren und jede Hälfte in eine Butterbrottüte geben • Darin 20 Minuten ruhen lassen

Weiße Schicht zubereiten • Die Schale des Mixers reinigen • Alle Zutaten für die weiße Schicht außer dem Weizengluten hineingeben und sorgfältig darin vermischen • Die Masse herausnehmen, das Weizengluten hinzufügen und von Hand 3 Minuten kneten • Wenn sich auf der Teigoberfläche durch die Aktivierung des Glutens Furchen bilden und Teigfasern zu sehen sind, den Teig halbieren und jede Hälfte in eine Butterbrottüte legen • 20 Minuten ruhen lassen

Schichten ausrollen • Wenn beide Schichten 20 Minuten geruht haben, jede Teighälfte 5 mm dick und rechteckig ausrollen – insgesamt sollten es 4 Rechtecke sein

Speck zusammensetzen • Ein rotes Rechteck auf ein großes Schneidebrett legen • Ein weißes darauflegen, dann nochmals ein rotes und wieder ein weißes Rechteck darauf • Alles mit Salz und schwarzem Pfeffer würzen

Speck einfrieren • Speck in Frischhaltefolie wickeln und mindestens 2 Stunden oder sogar über Nacht im Gefrierschrank fest werden lassen

Speck formen • Wenn er fest ist, den Speck mit einem langen scharfen Messer in sehr dünne Scheiben schneiden • Die Scheiben auslegen

Speck braten • Eine große beschichtete Pfanne bei mittlerer bis niedriger Temperatur erhitzen • Eine Seite der Speckscheiben mit Kokosöl bestreichen • Mit der bestrichenen Seite nach unten in die warme Pfanne legen und 5–6 Minuten braten • Währenddessen die obere Seite mit Kokosöl bestreichen und mit Salz bestreuen • Die Scheiben umdrehen und von der anderen Seite ebenfalls 5–6 Minuten braten, bis sie karamellisiert, braun und knusprig sind – nachdem man sie aus der Pfanne genommen hat, werden sie noch knuspriger

Servieren • Speckscheiben vor dem Servieren ein paar Minuten ruhen lassen

HINWEIS

Der Block Speck kann für bis zu 3 Monate eingefroren werden. Du kannst ihn auch dünn aufschneiden und in Scheiben einfrieren. Durch das Einfrieren verliert er an Salzgeschmack und schmeckt weniger würzig, aber wenn man ihn dann brät, ändert sich das wieder. Im Kühlschrank hält sich der Speck bis zu 3 Tage (danach kann er seine Farbe verlieren).

HÄHNCHENFLEISCH

Bestimmt hast du schon mal veganes Hähnchenfleisch gegessen, aber wir wetten, dass es keine Haut hatte. Dieses Rezept beschreibt eine interessante Technik, mit der du eine knusprige Haut hinbekommst – wir sind davon total begeistert! Mach dir damit ein tolles Sandwich, leckeres Abendessen oder reichere dein Curry mit ein paar von diesen sättigenden, fleischigen Stücken an. Wie auch immer, lass es dir schmecken!

ERGIBT 4 HÄHNCHENBRÜSTE

FÜR DIE HÄHNCHENBRÜSTE

280 g Kichererbsen (Dose)
160 g Aquafaba (Kichererbsenwasser aus der Dose)
2 TL vegane Hühnerbrühe (Pulver)
1 TL Zwiebelpulver
1 TL Knoblauchpulver
1 EL Apfelessig
1 EL helle Misopaste
240 g Weizengluten
Meersalz und schwarzer Pfeffer

FÜR DIE HAUT AUS SOJADRINK

500 ml ungesüßter Sojadrink
vegane Hühnerbrühe (Pulver)
Meersalz und schwarzer Pfeffer

Leistungsstarker Standmixer • Frischhaltefolie • Dampfkochtopf • Großer Topf • Essstäbchen • Mit Öl eingefettetes Backblech • Pfanne • Backblech

Hähnchenbrüste zubereiten • Alle Zutaten außer dem Weizengluten mit 100 ml Wasser in einen leistungsstarken Standmixer geben und glatt pürieren • Das Püree in eine große Schüssel füllen und mit dem Weizengluten zu einem groben Teig verarbeiten • Den Teig auf eine glatte Arbeitsfläche legen und von Hand 4 Minuten kneten, bis sich Fasern bilden • Dann 5 Minuten ruhen lassen und anschließend in 4 gleich große Stücke teilen • Jedes zu einer Hähnchenbrust formen und rundum mit Salz und Pfeffer würzen • Jede Hähnchenbrust in Frischhaltefolie wickeln und 45 Minuten dämpfen, dabei darauf achten, dass das Wasser im Topf nicht vollständig verdampft

Haut aus Sojadrink zubereiten • Sojadrink in einem großen Topf bei mittlerer Temperatur zum Kochen bringen, sodass sich Haut auf der Oberfläche bildet, wenn sie wie eine große, dünne Blase hochgestiegen ist • Den Herd ausschalten, sodass sich die Haut wieder absenkt, und 3–4 Minuten ruhen lassen; dabei dickt die Haut durch den Kontakt mit dem darunter liegenden Sojadrink ein • Anschließend die Haut mit Essstäbchen herausnehmen – dabei sollte sie in einem ganzen, glatten Stück bleiben • Die Haut auf das eingeölte Backblech legen und mit der Hühnerbrühe bestreuen • Den Vorgang nochmals wiederholen

Hähnchen backen • Die gedämpften Hähnchenbrüste aus dem Dampfkochtopf nehmen, abkühlen lassen und die Frischhaltefolie entfernen • Den Backofen auf 180 °C vorheizen • Die Hähnchenbrüste auf die Sojahaut legen und diese rundum mit einem Messer ausschneiden, sodass sie dieselbe Größe wie das Fleisch hat • Die Haut jeweils auf die Hähnchenbrüste legen und nochmals mit Hühnerbrühe bestreuen • Dann mit der Hautseite nach unten bei mittlerer bis hoher Temperatur 1–2 Minuten in der Pfanne braten, bis sie schön karamellisiert sind • Anschließend 20–25 Minuten auf einem Backblech im Ofen backen (wenn die Hähnchenbrüste direkt aus dem Kühlschrank kommen, vorher 30 Minuten Zimmertemperatur annehmen lassen) • Vor dem Anschneiden 5 Minuten auf einem Schneidebrett ruhen lassen

HINWEIS

Das Hähnchen hält sich bis zu 5 Tage im Kühlschrank und bis zu 3 Monate fest verpackt im Gefrierschrank.

RINDFLEISCH

Wir waren drauf und dran, Grundrezepte für Burger und Steak in dieses Kapitel aufzunehmen, haben uns dann aber doch dagegen entschieden, weil man mit diesem Rezept beides gut machen kann. Wenn du Burger machen willst, forme die Masse zu einen Patty, wenn du ein Steak möchtest, forme sie zu einem Steak. Ganz einfach. Wir finden die Textur von diesem Rindfleisch ziemlich beeindruckend, du auch?

ERGIBT 6 RINDERSTEAKS

FÜR DIE JACKFRUIT-BRÜHE

800 g junge grüne Jackfruit in Salzlake (Dose)
2 EL Kokosöl
Salz
1 EL Hefeflocken
1 EL Zuckerrübensirup
1 EL Hefeextrakt
3 EL Apfelessig
1 EL Pilzpulver
1 TL flüssiges Raucharoma

FÜR DIE TROCKENEN ZUTATEN

140 g Weizengluten
40 g Erbsenprotein
2 EL Tapiokastärke
1 EL Rote-Bete-Pulver

FÜR DIE STEAKS

Meersalz und schwarzer Pfeffer
2 EL Kokosöl
1 veganer Rinderbrühwürfel
½ TL Hefeextrakt
Olivenöl, zum Servieren

Kartoffelstampfer • Sieb oder sauberes Küchentuch • Große Pfanne mit Deckel • Mittelgroßer Topf

Jackfruit vorbereiten • Jackfruit abtropfen lassen und von Hand oder mit zwei Gabeln zerkleinern • Dann mit einem Kartoffelstampfer die Fasern gänzlich zerkleinern • In ein Sieb oder ein Küchentuch geben und so viel Flüssigkeit wie möglich abtropfen lassen – wir lassen sie 10–15 Minuten im Sieb

Jackfruit kochen • Kokosöl in einer großen, tiefen Pfanne bei mittlerer Temperatur erhitzen • Jackfruit und 1 kräftige Prise Salz hineingeben • Sorgfältig vermischen und 4 Minuten garen • Dann die restlichen Zutaten für die Brühe und 250 ml Wasser hinzufügen und alles 20 Minuten sanft köcheln lassen • Herd ausschalten und die Brühe abkühlen lassen

Steaks zubereiten • Jackfruit ausdrücken, dabei die Brühe in einem Topf auffangen • In einer großen Schüssel alle trockenen Zutaten vermischen • Jackfruit-Masse unterrühren, dann nach und nach ein paar Schuss Brühe hinzufügen, bis ein schön glatter Teig entsteht • Diesen auf der Arbeitsfläche 3–4 Minuten kneten, bis sich Fasern darin bilden • Den Teig in 6 gleich große Stücke teilen und diese zu Steaks formen • Jedes Steak in Frischhaltefolie wickeln und für mindestens 1 Stunde in den Kühlschrank legen

Steaks braten • Steaks aus der Folie nehmen und mit Salz und Pfeffer würzen • Eine große Pfanne bei mittlerer bis hoher Temperatur erhitzen, dann das Kokosöl hineingeben • Wenn es heiß ist, die Steaks 3–4 Minuten von beiden Seiten darin goldbraun und knusprig anbraten • In einer kleinen Schale Brühwürfel und Hefeextrakt in 400 ml kochendem Wasser auflösen • Restliche Kochbrühe dazugießen • Die Flüssigkeit dann über die Steaks gießen und diese 20 Minuten zugedeckt köcheln lassen, gelegentlich wenden

Ruhen lassen • Anschließend die Steaks auf ein Brett legen und vor dem Anschneiden noch ein paar Minuten ruhen lassen

Servieren • Steaks mit dem Bratensaft und einem kräftigen Schuss Olivenöl servieren

HINWEIS

Das Rindfleisch hält sich in Folie eingewickelt bis zu 3 Tage im Kühlschrank, einzeln verpackt bis zu 3 Monaten im Gefrierschrank.

WÜSTHOF CLASSIC IKON

THUN(FISCH)

Köstlich, überraschend, interessant ... Wir mögen dieses Rezept sehr, weil es so ganz anders ist als die anderen in diesem Buch. Es ist eine Art richtig festes, würziges Gelee, das sich schön schneiden lässt. Der Fisch hier schmeckt nicht nach Dosen-Thunfisch, eher wie Thunfisch- oder Schwertfisch-Steak. Serviere ihn in einem Salat, mit Reis oder in Sushi – deine Gäste werden beeindruckt sein!

ERGIBT 6 BLÖCKE FÜR SUSHI

FÜR DAS ERSTE GEL
2 TL Konjakmehl
1 Spritzer rote Lebensmittelfarbe
1 TL Algenflocken
1 Prise Salz
1 EL vegane Fischsauce

FÜR DIE LAUGE
¼ TL Speisenatron

FÜR DAS ZWEITE GEL
1 TL Agar-Agar
3 EL Tapiokastärke

FÜR DIE MARINADE
1 EL Mirin
3 EL helle Sojasauce
Saft von ½ Zitrone

Schneebesen • Mittelgroßer Topf • Muffinform aus Silikon mit 6 Vertiefungen • Große Pfanne

Das erste Gel zubereiten • Konjakmehl in eine große Schüssel geben • Langsam und vorsichtig 230 ml Wasser unter ständigem Rühren dazugießen, sodass sich keine Klümpchen bilden • Anschließend die restlichen Zutaten für das „erste Gel" hinzufügen • Die Mischung unter ständigem Rühren in einem Topf etwa 6 Minuten köcheln lassen, bis sich der Konjak auflöst, dann abkühlen lassen und im Kühlschrank kühlen

Lauge hinzufügen • In einer kleinen Schale das Speisenatron mit 100 ml Wasser verrühren • Die Mischung sorgfältig unter das gekühlte „erste Gel" rühren • Im Kühlschrank abkühlen lassen und dann in einen mittelgroßen Topf füllen

Das zweite Gel hinzufügen • Agar-Agar, Tapiokastärke und 100 ml Wasser dazugeben • Alles zum Kochen bringen, dann die Temperatur herunterschalten und 6 Minuten leise köcheln lassen • Den Herd ausschalten, die Masse etwas abkühlen lassen und anschließend in die Silikonförmchen füllen

Masse kochen • Die Silikonform in eine große Pfanne setzen und so viel kochendes Wasser hineingießen, bis die gefüllten Mulden fast bis zum Rand darin stehen (wie in einem Wasserbad) • Bei niedriger Temperatur 20 Minuten sanft köcheln lassen • Anschließend die Form für mindestens 2 Stunden in den Kühlschrank stellen

Servieren • Die Zutaten für die Marinade vermischen und mit dem Thunfisch servieren – entweder den Thunfisch hineinlegen oder mit der Marinade begießen • Thunfisch dünn aufschneiden und zu deinem Lieblingsessen servieren

HINWEIS

Der „Thunfisch" aus diesem Rezept kann auf viele unterschiedliche Arten verwendet werden. Zum Beispiel aufgeschnitten als mariniertes Tatar mit Avocado, auf/in Sushi oder in Scheiben als Sashimi.

CHEDDAR

Er lässt sich reiben, in Scheiben schneiden, schmelzen, und er ist super käsig! Hier ist das Rezept für selbst gemachten veganen Käse, das du immer schon gesucht hast. Wenn du den Käse noch mit Kräutern oder Gewürzen verfeinern willst, tu dir keinen Zwang an! Kreativität in der Küche macht Spaß und verbessert deine Kochkünste.

ERGIBT 400 G

- 25 g ungesalzene Cashewkerne
- 400 g Kokosmilch (mit hohem Fettgehalt)
- 3 EL Hefeflocken
- 1 TL Meersalz
- 1 EL Apfelessig
- 1 EL helle Misopaste
- 2 TL Dijon-Senf
- 1 Prise gemahlene Kurkuma
- 2 ½ TL Agar-Agar oder ein anderes veganes Geliermittel

Mittelgroßer Topf • Leistungsstarker Standmixer • Kleiner Topf • Behältnis für den Käse

Cashewkerne einweichen • Cashewkerne in einen mittelgroßen Topf geben, bei mittlerer Temperatur erhitzen und mit kochendem Wasser bedecken • 20 Minuten köcheln lassen • Anschließend abtropfen lassen

Zutaten mixen • Abgetropfte Cashewkerne, Kokosmilch, Hefeflocken, Salz, Apfelessig, helle Misopaste, Senf und Kurkuma in einen leistungsstarken Standmixer füllen • Per Pulse-Funktion glatt pürieren

Agar-Agar kochen • Agar-Agar mit 100 ml Wasser in einem kleinen Topf bei mittlerer Temperatur erwärmen • 6 Minuten köcheln lassen, dabei nach Bedarf noch etwas Wasser dazugeben

Käse formen • Das Agar-Agar-Wasser mit den restlichen Zutaten in den Standmixer geben und mixen • Wenn die Masse glatt ist, in eine Form füllen; diese auf die Arbeitsfläche schlagen und so die Luftblasen entfernen

Käse ruhen lassen • Käse 20 Minuten auf Zimmertemperatur abkühlen lassen • Danach in Frischhaltefolie wickeln und bis zur Verwendung im Kühlschrank lagern

HINWEIS

Der Käse hält sich bis zu 5 Tage im Kühlschrank oder gut verpackt bis zu 3 Monate im Gefrierschrank.

MILCHALTERNATIVE

Durch die herrlich cremige Textur und den reichhaltigen, angenehmen Geschmack ist dieser Haferdrink perfekt für dein Frühstücksmüsli, bevor du dich auf den Weg zur Arbeit machst. Guten Appetit!

FÜR 1 LITER HAFERDRINK

6 Medjool-Datteln
200 g Haferflocken
1, 5 l gefiltertes Wasser
Salz

Leistungsstarker Standmixer • Käseleinen • Trichter • Flasche, Becher oder anderer Behälter mit Deckel mit 1 l Fassungsvermögen

Drink zubereiten • Datteln entsteinen und grob in kleine Stücke schneiden • Haferflocken, Datteln, Wasser und 1 Prise Salz in einem leistungsstarken Standmixer glatt pürieren

Drink filtern • Die Flüssigkeit durch ein Käseleinen in einen Becher, eine Flasche oder einen anderen Behälter filtern, sodass feste Rückstände aufgefangen werden; das Käseleinen ausdrücken • Wenn der Drink zu dick ist, noch etwas Wasser dazugeben, bis die gewünschte Konsistenz erreicht ist

Drink aufbewahren • Behälter verschließen und in den Kühlschrank stellen; den Drink innerhalb von 5 Tagen verbrauchen • Bei jeder Verwendung den Behälter zunächst schütteln oder den Drink umrühren

BUTTER

Diese Butter kannst du dir auf den Toast streichen oder mit einem Stückchen davon deinen Kartoffeln oder deinem Curry eine köstliche, seidige Note geben. Sie schmeckt wunderbar, hinterlässt ein großartiges Gefühl im Mund und ist angenehm fest; ein fantastischer selbst gemachter Ersatz für gekaufte Sorten.

ERGIBT 400 G

- 130 g ungesüßter Sojadrink, zimmerwarm
- 1 TL Apfelessig
- 150 g raffiniertes Kokosöl
- 50 g kaltgepresstes Rapsöl
- 1 TL Hefeflocken
- ein paar Prisen gemahlene Kurkuma (je mehr du nimmst, desto gelber wird die Butter)
- ¼ TL Salz
- 5 g Soja-Lecithinpulver (nach Belieben, siehe Hinweis)

Leistungsstarker Standmixer • Backpapier • 2 Dosen in der Größe von 1 Päckchen Butter

Buttermilch zubereiten • Zimmerwarmen Sojadrink und Apfelessig in eine große Schüssel geben und 5–10 Minuten gerinnen lassen

Zutaten zu Butter vermischen • Kokos- und Rapsöl im Standmixer sorgfältig vermischen • Die geronnene Milch und restliche Zutaten hinzufügen und alles gründlich mixen – höchstens 1 Minute

Butter ruhen lassen • Die Mischung sofort in 2 Butterdosen füllen und setzen lassen

Servieren • Nach etwa 1 Stunde, wenn sich die Butter gesetzt hat, diese zum Aufbewahren in Backpapier wickeln oder in eine Butterdose legen • Gut verpackt hält sie sich bis zu 1 Monat im Kühlschrank

HINWEIS

Das Soja-Lecithinpulver sorgt dafür, dass die Butter schön fest wird, und sie nicht bricht, wenn sie warm wird. Wenn du es nicht bekommen kannst, kannst du die Butter auch ohne zubereiten, sie wird dann noch im Kühlschrank fester, bleibt aber etwas weicher und kann aufbrechen, wenn sie geschmolzen wird.

GEFLÜGEL

FÜNF-MINUTEN-NUDELN

Wenn wir „5 Minuten" sagen, lügen wir nicht. Für dieses Rezept braucht man wirklich nur fünf Minuten! Wenn du das nicht glaubst, such deine Zutaten zusammen, stelle die Uhr und leg los. Wenn du in Eile bist und etwas Leckeres zum Abendessen haben möchtest, ist das definitiv das richtige Rezept für dich. Du kannst es natürlich auch mit geriebenen Möhren, Erbsen, Spinat, zerbröseltem Räuchertofu, Röstzwiebeln oder was auch immer abwandeln! Es gibt auch Packungen mit gewürzten Ramen-Nudeln – so geht das Gericht noch schneller, dann musst du aber aufpassen, dass du nicht zu viel Salz oder Gewürze verwendest.

2 PORTIONEN

3 Frühlingszwiebeln
2 Knoblauchzehen
160–200 g veganes Hähnchen
2 Packungen Ramen-Nudeln (à ca. 120 g)
1 EL geröstetes Sesamöl
2 EL dunkle Sojasauce
2 TL vegane Fischsauce
1 TL getrocknete Chiliflocken
1 TL gerösteter Sesam

Feine Reibe • Pfanne oder Wok

Zutaten vorbereiten • Frühlingszwiebeln putzen und in dünne Ringe schneiden, dabei die weißen und grünen Teile separat aufbewahren • Knoblauch schälen und reiben • Hähnchen in Streifen schneiden

Nudeln kochen • Nudeln in kochendem Wasser 3–4 Minuten bzw. nach Packungsanweisung kochen

Währenddessen die anderen Zutaten braten • Sesamöl in einer Pfanne oder einem Wok bei mittlerer bis hoher Temperatur erwärmen • Weiße Teile der Frühlingszwiebeln, Knoblauch und Hähnchenfleisch hineingeben und 3–4 Minuten braten, bis das Fleisch goldbraun ist • Sojasauce, vegane Fischsauce und Chiliflocken unterrühren, etwas Nudelwasser hinzufügen • Die Nudeln abgießen und mit der Sauce in der Pfanne vermischen

Servieren • Die Nudeln auf Teller verteilen, mit den grünen Teilen der Frühlingszwiebeln und gerösteten Sesamsamen bestreuen und sofort servieren

KNUSPRIGE CHICKEN WINGS AUF KOREANISCHE ART

Diese Chicken Wings sind SO knusprig und lecker! Wirklich, wir lieben sie. Du kannst sie einfach mit ein paar Bier genießen oder sie in einem Sandwich mit etwas veganer Mayo, Kimchi und Salatblättern zu Pommes servieren und damit ganz groß rauskommen. Sie passen auch gut zu Reis und einem kleinen Salat. Wie auch immer, wir sind uns ziemlich sicher, dass du sie genauso lieben wirst wie wir.

4–6 PORTIONEN ALS BEILAGE

FÜR DIE MARINADE
4 Knoblauchzehen
2,5 cm frischer Ingwer
150 g Gochujang (koreanische Gewürzpaste)
120 ml geröstetes Sesamöl
2 EL Reisessig
2 EL helle Sojasauce
4 EL hellbrauner Rohrzucker
1 Prise gemahlener weißer Pfeffer

FÜR DAS HÄHNCHEN
2 Blöcke extra fester Tofu (à 280 g)
6 EL Speisestärke
½ TL Meersalz
1 Prise gemahlener weißer Pfeffer
Pflanzenöl, zum Frittieren

ZUM GARNIEREN
1 Frühlingszwiebel
1 frische Chilischote oder 1 Prise getrocknete Chiliflocken
geröstete Sesamsamen

Feine Reibe • Standmixer (optional) • Pfanne • Topf • Teller oder große Schüssel mit Küchenpapier ausgelegt

Marinade zubereiten • Knoblauch und Ingwer schälen und fein reiben • Mit den restlichen Zutaten im Mixer pürieren oder in einer Schale zu einer schön glatten Paste vermischen

Das Hähnchen zubereiten • Tofu pressen und überschüssige Flüssigkeit ausdrücken • In etwa 3 x 2 cm große Stücke reißen • Mit der Hälfte der Marinade in einer Schüssel vermischen • Speisestärke, Salz und Pfeffer darüberstreuen und alles sorgfältig mischen

Hähnchen frittieren • Eine Pfanne 1 cm hoch mit Öl füllen und bei mittlerer bis hoher Temperatur erhitzen, bis sich um einen hineingetauchten Stiel eines Holzlöffels Bläschen bilden • Tofustücke vorsichtig in das heiße Öl legen und 2–3 Minuten goldbraun und knusprig frittieren, dabei regelmäßig wenden, damit sie gleichmäßig garen • Vorsichtig herausnehmen und auf einem mit Küchenpapier ausgelegten Teller abtropfen lassen

Fertigstellen • Restliche Marinade in einen Topf geben und köcheln lassen, bis sie dicklich ist und glänzt • Frittierten Tofu hineinlegen und zügig in der Sauce schwenken • Tofu in eine Servierschale geben • Frühlingszwiebel putzen und in feine Ringe schneiden, Chilischote fein hacken • Tofu mit Chili, Frühlingszwiebeln und gerösteten Sesamsamen bestreuen und sofort servieren!

SCHARFE PENNE IN CREMIGER SAUCE

Eine cremige Cashewsauce, mit Hefeflocken und Zitronensaft vermischt, schmeckt wunderbar nach Käse, dazu Pasta mit getrockneten Tomaten, veganem Hähnchen und Spinat – einfach himmlisch. Wir haben das „Scharfe Penne in cremiger Sauce“ genannt, aber ehrlich gesagt geht das mit jeder Nudelform, die du gerade im Schrank hast. Und die Sauce passt auch hervorragend zu glutenfreier Pasta aus Linsen oder Reis. Wenn du genauso gern wie wir Nudeln isst (wir lieben sie über alles), solltest du dir dieses Rezept unbedingt merken, denn wir sind sicher, dass du immer wieder darauf zurückkommen wirst!

4 PORTIONEN

FÜR DIE SAUCE
150 g ungesalzene Cashewkerne
200 ml ungesüßter Mandeldrink
30 g Hefeflocken
1 EL Dijon-Senf
Meersalz
1 Zitrone

FÜR DIE PASTA
1 Zwiebel
2 Knoblauchzehen
2 rote Paprika
Olivenöl (alternativ das Öl der getrockneten Tomaten)
1 kleines Glas getrocknete Tomaten (in Öl)
Meersalz
1 TL Paprikapulver
1 TL getrocknete Kräuter
160 g veganes Hähnchenfleisch in Stücken
250 g Penne
220 g Baby-Spinat

ZUM SERVIEREN
1 Handvoll Kirschtomaten
glatte Petersilie
Hefeflocken
schwarzer Pfeffer

Wasserkocher • Tiefe Pfanne • Leistungsstarker Standmixer • Großer Topf

Cashewkerne einweichen • Cashewkerne in eine hitzebeständige Schüssel geben und mit kochendem Wasser bedecken • Mindestens 1 Stunde beiseitestellen

Gemüse und Fleisch kochen • Zwiebel und Knoblauch schälen und hacken • Paprika halbieren, putzen, waschen und klein würfeln • Eine tiefe Pfanne bei mittlerer Temperatur erhitzen und das Olivenöl hineingeben (wir nehmen das Öl aus dem Tomatenglas) • Tomaten abtropfen lassen und hacken • Zwiebel, Knoblauch und 1 Prise Salz in das warme Öl geben • Gut vermischen und 5–10 Minuten braten, bis die Zwiebel weich wird • Paprikastücke und Tomaten hinzufügen, sorgfältig vermischen und weitere 10 Minuten braten • Paprikapulver, Kräuter und veganes Hähnchenfleisch hinzufügen und nach Packungsanweisung braten (etwa 5 Minuten)

Sauce zubereiten • Cashewkerne abtropfen lassen und mit Mandeldrink, Hefeflocken, Senf und 1 Prise Salz in einen leistungsstarken Standmixer geben • Zitrone halbieren und den Saft auspressen, dabei die Kerne mit der freien Hand zurückhalten • Alles glatt pürieren, bei Bedarf noch etwas Mandeldrink dazugeben

Pasta kochen • Salzwasser in einem großen Topf zum Kochen bringen • Nudeln hineingeben und 1 Minute kürzer als auf der Packung angegeben kochen • Dann abtropfen lassen (dabei etwas Nudelwasser auffangen) und zurück in den Topf geben

Fertigstellen • Spinat waschen und grob hacken, zum Gemüse geben und zusammenfallen lassen • Sauce und Nudeln dazugeben und ein paar Minuten gründlich erhitzen • Etwas Nudelwasser hinzufügen, damit die Sauce cremiger wird, und noch ein paar Minuten kochen, bis alles richtig heiß ist

Servieren • Tomaten waschen, vierteln und die Petersilie waschen, trocken schütteln und grob hacken. Zum Schluss die Tomaten mit etwas Hefeflocken, schwarzem Pfeffer und gehackter Petersilie über die Pasta streuen

CHICKEN-CHEESE-ENCHILADAS MIT MEXIKANISCHEM MAISSALAT

Wir sind absolut davon überzeugt, dass diese Enchilada-Sauce im Supermarkt schnell ausverkauft wäre, denn sie ist unglaublich lecker.

Wenn du noch nie Enchiladas gemacht hast, empfehlen wir dir, sofort diese Seite mit einem Lesezeichen zu markieren! Die veganen Käsesorten ziehen hier schön Fäden und ergänzen die würzige Füllung. Das Ganze wird mit einem Maissalat mit Limette und roter Zwiebel serviert, der dich umhauen wird.

4 PORTIONEN

FÜR DAS GERÖSTETE HÄHNCHEN

- 280 g Jackfruit (Dose; in Wasser)
- 2 rote Paprika oder 1 rote und 1 gelbe
- ½ Aubergine
- etwa 160 g veganes Hähnchenfleisch
- 3 EL Olivenöl
- 2 TL Salz

FÜR DIE ENCHILADA-SAUCE

- 250 g Rispentomaten
- 4 EL Olivenöl
- 2 EL Rotweinessig
- 1 TL Meersalz
- 5 getrocknete Chipotle-Chili
- 1 große Zwiebel
- 4 Knoblauchzehen
- 2 EL Ahornsirup
- 1 EL gemahlener Kreuzkümmel
- 2 TL getrockneter Oregano
- 1 TL geräuchertes Paprikapulver
- 1 TL gemahlener Zimt
- 150 ml trockener Sherry
- 95 g Chipotle-Sauce

FÜR DIE ENCHILADA-FÜLLUNG

- 400 g schwarze Bohnen (Dose)
- 1 Zitrone
- 1 Bund Oregano
- 20 g Petersilie
- 1 EL Olivenöl
- 200 g geriebener veganer Cheddar
- 200 g geriebener veganer Mozzarella
- Meersalz
- 8 große Maistortillas

Backofen auf 200 °C (Ober- / Unterhitze) vorheizen • 2 Auflaufformen • Wasserkocher • Große Pfanne • Mixer

Gebackene Zutaten vorbereiten • Jackfruit waschen, abtropfen lassen und trocken tupfen • In eine Auflaufform legen und etwas zerkleinern, dabei die Samen entfernen (sie sehen wie Bohnen aus) • Paprika halbieren, putzen, waschen und in dünne Streifen schneiden • Aubergine putzen und in 1 cm große Würfel schneiden • Paprika, Aubergine und veganes Hähnchenfleisch in die Auflaufform geben, mit etwas Olivenöl beträufeln und mit Salz bestreuen, dann alles sorgfältig vermischen und 30 Minuten im Ofen backen; nach der Hälfte der Zeit noch einmal umrühren

Sauce zubereiten • Tomaten, 2 EL Olivenöl, Essig und Salz in eine zweite Auflaufform geben und mischen • 30 Minuten im Ofen rösten • Chipotle-Chilischoten in einen Rührbecher geben und zum Einweichen mit kochendem Wasser bedecken • Zwiebel und Knoblauch schälen und hacken • Restliches Olivenöl in einer großen Pfanne bei niedriger bis mittlerer Temperatur erwärmen, Zwiebel und Knoblauch darin 12–15 Minuten weich braten • Ahornsirup, Kreuzkümmel, Oregano, geräuchertes Paprikapulver und Zimt hinzufügen und ein paar Minuten weiter garen • Chilischoten, Sherry, 150 ml Wasser und Chipotle-Sauce dazugeben, die Temperatur herunterschalten und 20–25 Minuten leicht köcheln lassen • Geröstete Tomaten dazugeben, sorgfältig untermischen, die Pfanne vom Herd nehmen und alles auf Zimmertemperatur abkühlen lassen • Anschließend im Standmixer zu einer glatten Sauce pürieren

Füllung zubereiten • Schwarze Bohnen abtropfen lassen und in eine Schüssel geben • Zitrone halbieren • Oregano und Petersilie waschen, trocken schütteln, die Blättchen abzupfen und grob hacken • Zitrone über den Bohnen auspressen (mit der freien Hand die Kerne zurückhalten), Olivenöl, Käse und Kräuter dazugeben und vermengen • Mit Salz abschmecken

Füllung fertigstellen • Die gerösteten Zutaten und ein Drittel der Sauce zu den schwarzen Bohnen geben und alles sorgfältig vermischen

Enchiladas zusammensetzen • Ein Achtel der Füllung fest in ein Tortilla einrollen und in die Auflaufform legen • Wiederholen, bis alle Enchiladas gefüllt sind und dicht nebeneinander in der Form liegen • Die restliche Sauce mittig darüberträufeln und 20 Minuten im Ofen backen

FÜR DEN MAISSALAT
570 g Mais (Dose)
1 EL Olivenöl
2 TL Meersalz
1 rote Zwiebel
2 grüne Paprika
6 Frühlingszwiebeln
4 große grüne Chilischoten
30 g Koriandergrün
100 g Blattsalat
2 Limetten
1 EL vegane Mayonnaise
1 TL Cayennepfeffer

ZUM SERVIEREN
1 Handvoll Schnittlauch
1 Handvoll Koriandergrün

Salat zubereiten • Mais waschen und abtropfen lassen, mit Olivenöl und 1 TL Salz in eine Schüssel geben • Zwiebel schälen und fein hacken • Paprika halbieren, putzen und würfeln • Frühlingszwiebeln putzen und in feine Ringe schneiden • Chilischoten halbieren, entkernen und fein hacken • Korianderwaschen, trocken schütteln, die Blätter abzupfen und hacken • Salatblätter waschen, trocken tupfen und klein zupfen • Limetten halbieren und über dem Mais auspressen • Alle Zutaten in die Schüssel geben und sorgfältig vermischen • Mayo, Cayennepfeffer und restliches Salz dazugeben und unterrühren

Servieren • Schnittlauch und Koriander waschen, trocken schütteln, grob hacken und Korianderblätter von den Stielen zupfen • Auf jeden Teller 2 Enchiladas geben, mit dem Maissalat anrichten, mit Koriander und gehacktem Schnittlauch garnieren und sofort servieren

NUDELN MIT SCHWARZEN BOHNEN UND HÄHNCHEN

Während des Lockdowns wohnten wir mit unserem Kumpel Darren im Londoner Bezirk Clapham. Um uns aufzuheitern, ließen wir uns in dieser Zeit häufiger Takeaways liefern. Am häufigsten bestellten wir die Blackened Monk Noodles von einem Restaurant namens *Banana Tree*: dicke Glasnudeln, mit roter Zwiebel in einer reichhalten Sauce aus schwarzen Bohnen, Miso und Tamari, mit Möhren- und Daikon-Pickles, bestreut mit gesalzenen Erdnüssen, für einen extra Crunch. Dies ist unsere Version des Gerichts, das uns während des Lockdowns häufig ein Lächeln ins Gesicht gezaubert hat – das wird es dir hoffentlich auch!

2 PORTIONEN

FÜR DIE PICKLES
1 große Möhre
1 Daikon-Rettich (etwa 400 g)
1 EL Salz
5 EL feiner Zucker
4 EL Branntweinessig

FÜR DIE SAUCE
150 g Schwarze-Bohnen-Sauce (Douchi-Sauce)
2 TL dunkle Misopaste
1 ½ EL Tamari (fermentierte Sojasauce)
1 EL Reisessig
1 EL geröstetes Sesamöl
Meersalz

FÜR DIE NUDELN
1 kleiner Brokkoli
Olivenöl
Meersalz
100 g lange Reisnudeln
1 rote Zwiebel
geröstetes Sesamöl
160 g vegane Hähnchenschnetzel
100 g Sojasprossen

ZUM SERVIEREN (ALLES NACH BELIEBEN)
1–2 Limetten
1 Handvoll Koriandergrün
50 g gesalzene Erdnusskerne
1 rote Chilischote
1 Handvoll vegane Krabbenchips
gerösteter Sesam

Sterilisiertes Marmeladenglas (oder eine große Schüssel) • Backblech • Kleiner Topf • Großer Topf

Pickles zubereiten • Möhre und Daikon-Rettich schälen, in dünne Scheiben oder Stifte schneiden und in eine Schüssel geben • Salz hinzufügen, sorgfältig vermischen und 20 Minuten ziehen lassen • Dann das Salz gründlich auswaschen und das Gemüse in ein sterilisiertes Glas (oder eine große Schüssel) füllen • Zucker und Essig in 375 ml kochendes Wasser rühren, bis sich der Zucker auflöst • Über das Gemüse gießen • Abdecken und ziehen lassen (am besten 2–3 Tage, mindestens aber 2 Stunden)

Sauce zubereiten • In einer kleinen Schale Schwarze-Bohnen-Sauce, Miso, Tamari, Reisessig, Sesamöl und 1 Prise Salz glatt rühren

Brokkoli rösten • Backofen auf 180 °C (Umluft) vorheizen • Brokkoli waschen, abtropfen, in kleine Röschen teilen und auf ein Backblech legen • Mit Olivenöl beträufeln und mit 1 Prise Salz bestreuen • Gründlich vermischen und 15–20 Minuten rösten, bis er gar ist

Nudeln kochen • Nudeln nach der Packungsanweisung in einem kleinen Topf kochen • Dann abtropfen lassen und unter kaltem Wasser abschrecken

Sauce fertigstellen • Rote Zwiebel schälen und in dicke Streifen schneiden • Einen großen Topf bei mittlerer Temperatur erhitzen und etwas Sesamöl hineingeben • Erwärmen, dann Zwiebel und 1 Prise Salz hinzufügen • Gründlich mischen und 5 Minuten braten, bis die Zwiebel weich wird • Veganes Hähnchenfleisch unterrühen und noch 3 Minuten weiterbraten, bis es von außen braun ist • Sojasprossen untermischen und weitere 5 Minuten garen, dann die Sauce dazugießen und ein paar Minuten köcheln lassen

Nudeln fertigstellen • Gerösteten Brokkoli und gekochte Nudeln zur Sauce geben • Gründlich mischen und noch 5 Minuten erhitzen

Servieren • Limetten waschen und in Stücke schneiden • Koriander waschen, trocken schütteln und zusammen mit den Erdnüsse hacken, Chili in Streifen schneiden • Nudeln auf Servierteller geben • Pickles abtropfen lassen und mit den Nudeln anrichten. Jeweils ein Limettenstück, eine Handvoll gehackte Erdnüsse und ein paar Krabbenchips dazulegen • Mit Chilistreifen, gehacktem Koriander, Erdnüssen und Sesamsamen bestreuen

PESTO-HÄHNCHEN-SANDWICH

Wenn du Pesto magst, musst du diese Sandwiches machen. Sie sind einfach, schnell gemacht und absolut köstlich. Im Ernst, dies ist eines der Gerichte, die dir ein Lächeln ins Gesicht zaubern. Serviere es an einem sonnigen Nachmittag mit einem schön kalten Bier dazu, und du wirst so happy wie Larry sein (wir wissen nicht genau, wer Larry ist, aber wir freuen uns, dass er happy ist).

4 PORTIONEN

FÜR DAS PESTO
50 g Pinienkerne
50 g Basilikum
1 Knoblauchzehe
1 EL Hefeflocken
50 g veganer Mozzarella
200 ml Olivenöl extra vergine
Meersalz

FÜR DAS SANDWICH
2 große Ciabatta
etwas Olivenöl
480 g veganes Hähnchenfleisch
100 g vegane Mayonnaise
1 EL Dijon-Senf
Saft von ½ Zitrone

ZUM SERVIEREN
2 kleine sonnengetrocknete Tomaten
100 g Rucola
Knabberzeug

Backofen auf 180 °C vorheizen • Backblech • Standmixer • Große Pfanne

Pesto zubereiten • Pinienkerne auf ein Backblech streuen und 5 Minuten im Ofen rösten • Basilikumblätter waschen, trocken schütteln, von den Stielen zupfen, mit den gerösteten Pinienkernen in den Standmixer geben und zu einer Paste pürieren • Knoblauchzehe schälen und in den Standmixer reiben, Hefeflocken und Mozzarella dazugeben und per Pulse-Funktion zerkleinern • Das Öl unter die Masse rühren • Mit Salz abschmecken

Ciabatta vorbereiten • Ciabatta im Ofen 8–12 Minuten hellgold und knusprig rösten, anschließend halbieren • Mit Olivenöl beträufeln und wieder in den Ofen schieben, bis sie von beiden Seiten goldgelb und knusprig ist, dann zur Seite legen

Hähnchenfleisch zubereiten • Etwas Olivenöl in einer großen Pfanne bei mittlerer bis hoher Temperatur erhitzen, die veganen Hähnchenstücke hineingeben und ein paar Minuten braten • In eine Schüssel geben, Mayonnaise, 160 g von dem Pesto, Senf und Zitronensaft hinzufügen • Gründlich vermischen und nochmals abschmecken

Servieren • Getrocknete Tomaten in dünne Streifen schneiden • Sandwiches anschließend mit Tomaten, Rucola und Pesto-Hähnchen belegen und sofort mit etwas Knabberzeug servieren

HINWEIS

Restliches Pesto in einer verschlossenen Dose im Kühlschrank aufbewahren und für andere Rezepte verwenden.

GAENG PHED PED YANG MIT KOKOSREIS

TOLLE Aromen und TOLLE Texturen verbinden sich zu einem TOLLEN Gericht, das allen, die es zubereiten, ein Lächeln aufs Gesicht zaubern wird. Unserer Meinung nach ist die Thai-Küche eine der leckersten, was dir dieses Rezept beweisen wird. Der Kokosreis ist weich und cremig und bildet die perfekte Grundlage für die würzige Currysauce aus frischem Ingwer, roter Thai-Curry-Paste und Kokosmilch. Das in die Sauce getauchte vegane Entenfleisch hat eine wunderbare Textur und schmilzt auf der Zunge.

4 PORTIONEN

FÜR DEN KOKOSREIS

300 g thailändischer Klebreis
40 g Kokosflocken
160 ml Kokoscreme (Asien-Laden)
½ TL Meersalz
1 TL feiner Zucker

FÜR DIE CURRYSAUCE

1 Zwiebel
25 g frischer Ingwer
3 Knoblauchzehen
geröstetes Sesamöl
Meersalz
3 EL rote Thai-Curry-Paste
2 EL Apfelmus
400 g Kokosmilch
200 g gehackte Tomaten (Dose)
2 TL vegane thailändische Fischsauce
1 TL brauner Zucker
2 TL helle Sojasauce
5 frische Kaffirlimetten-blätter
5 g Thai-Basilikum

FÜR DIE ENTE

geröstetes Sesamöl
600 g veganes Entenfleisch, zerkleinert
½ TL Meersalz
2 TL chinesisches Fünf-Gewürze-Pulver
1 Orange

ZUM SERVIEREN

3 Frühlingszwiebeln
2 rote Chilischoten
Thai-Basilikumblätter

Leistungsstarker Standmixer • 2 große Pfannen • Großer Topf mit Deckel • Zange

Reis zubereiten • Reis in kaltem Wasser einweichen, während die Sauce zubereitet wird

Currysauce kochen • Zwiebel, Ingwer und Knoblauch schälen und grob hacken • Mit 1 Prise Salz in einem Standmixer zu einer Paste zerkleinern • Sesamöl in einer großen Pfanne bei mittlerer Temperatur erhitzen • Zwiebel-Ingwer-Knoblauch-Paste, Curry-Paste und Apfelmus hineingeben • Gut vermischen und ein paar Minuten anbraten, dann Kokosmilch, 100 ml Wasser, gehackte Tomaten, Fischsauce, Zucker, Sojasauce, Kaffirlimetten- und Basilikumblätter hinzufügen • Gründlich vermischen und 30 Minuten kochen

Ente braten • Sesamöl in einer zweiten großen Pfanne bei mittlerer Temperatur erhitzen • Fleisch mit Salz und Fünf-Gewürze-Pulver dazugeben • Gründlich vermischen und 4–8 Minuten braten, bis das Fleisch braun ist, dabei immer wieder mit der Zange wenden • Anschließend die Orange halbieren und darüber auspressen • Fleisch mit zwei Gabeln zerkleinern und beiseitestellen

Reis kochen • Einweichwasser abgießen • 350 ml Wasser in einem großen Topf bei mittlerer Temperatur erhitzen • Abgetropften Reis, Kokosflocken, Kokoscreme, Salz und Zucker hineingeben und gut vermischen • Zum Kochen bringen, dann den Deckel auflegen, Temperatur herunterschalten und 10 Minuten kochen

Curry fertigstellen • Die fertig gegarte Ente in die Currysauce rühren • Nochmals bei niedriger Temperatur 5–10 Minuten erwärmen

Reis fertigstellen • Nach 10 Minuten Kochzeit den Topf vom Herd nehmen und den Reis zugedeckt noch 10 Minuten im Dampf fertig garen lassen, dann vor dem Servieren mit einer Gabel auflockern

Servieren • Frühlingszwiebeln und Chilischoten putzen und in feine Ringe schneiden • Kokosreis gleichmäßig auf 4 Servierteller oder -schalen verteilen und mit dem Curry servieren • Zuvor mit Thai-Basilikumblättern, Chili und Frühlingszwiebeln bestreuen

BRITISCHER CORONATION-CHICKEN-SALAT

Für eine optimale Textur haben wir hier Austernpilze und veganes Hähnchenfleisch kombiniert und mit einem cremigen Dressing aus veganer Mayo, Curry, Mangochutney, Kurkuma und Limette vermischt. Das Mangochutney gibt der Sauce eine schöne Süße, weshalb wir anstelle von Rosinen Pinienkerne genommen haben – wenn du die klassischere Variante bevorzugst, kannst du natürlich auch Rosinen nehmen. Probiere diesen Salat mal in einem Baguette – einfach köstlich!

4 PORTIONEN

FÜR DAS DRESSING
150 g vegane Mayonnaise
1 EL mildes Currypulver
2 gehäufte EL Mangochutney
½ TL gemahlene Kurkuma
Meersalz
1 Bio-Limette

FÜR DAS HÄHNENFLEISCH
350 g Austernpilze
320 g veganes Hähnchenfleisch
2 EL Olivenöl
Meersalz
1 TL mildes Currypulver

FÜR DEN SALAT
2 Römersalat-Herzen
etwas veganer Drink
4 Frühlingszwiebeln
1 kleines Bund Koriandergrün
50 g geröstete Mandelblättchen
1 EL schwarzer Sesam
50 g Pinienkerne

Backofen auf 180 °C vorheizen • Reibe • Großes Backblech

Dressing zubereiten • Mayo, Currypulver, Mangochutney, Kurkuma und 1 Prise Salz in einer großen Schüssel glatt rühren • Schale der Limette abreiben, dann den Saft auspressen und beides untermengen

Hähnchenfleisch zubereiten • Austernpilze putzen und von Hand oder mit zwei Gabeln in eine Pulled-Pork ähnliche Konsistenz zerkleinern • Veganes Hähnchenfleisch grob in mundgerechte Stücke schneiden • Pilze und Fleisch auf ein großes Backblech legen und mit etwas Olivenöl beträufeln, dann mit 1 Prise Salz und Currypulver bestreuen • Gründlich vermengen • 30 Minuten im Ofen backen, nach der Hälfte der Zeit einmal wenden

Salat zubereiten • Salatblätter waschen, trocken schütteln und in Streifen reißen • 4 EL Dressing in eine große Schüssel geben und mit etwas veganem Drink verrühren • Salatstreifen sorgfältig damit vermischen • Frühlingszwiebeln putzen und in Ringe schneiden, Koriander waschen, trocken schütteln, fein hacken und anschließend beides zum Salat geben (etwas zum Garnieren zurückbehalten) • Den größten Teil der Mandeln und Sesamsamen unterrühren (hiervon ebenfalls etwas zum Garnieren zurückbehalten)

Hähnchen mit dem Dressing anrichten • Gebackene Austernpilze und Hähnchenfleisch mit dem Dressing und Pinienkernen in eine große Schüssel geben • Sorgfältig vermischen

Servieren • Salat auf eine große Servierplatte geben und darauf ausbreiten • Hähnchenfleisch darauflegen • Mit restlichen Sesamsamen, gehobelten Mandeln, gehacktem Koriander und Frühlingszwiebeln bestreuen • Alternativ als Sandwich in Baguette servieren (siehe unsere Sandwich-Vorschläge Seite 23)

KARE RAISU

Seit Ende des 19. Jahrhunderts gehören Curry und Reis zum festen Bestandteil der japanischen Küche. „Kare Raisu“ bedeutet ganz einfach „Curryreis“. Je nachdem, ob man für dieses Gericht Curry aus Indien oder anderen Ländern nimmt, schmeckt es ganz anders. Wenn du Curry magst, aber noch nie Japanisches gekocht hast, empfehlen wir dir, dieses Rezept auszuprobieren. Wir sind uns sicher, dass es dir schmeckt.

4 PORTIONEN

FÜR DEN REIS
480 g japanischer Rundkornreis (Sushi-Reis)

FÜR DIE CURRY-MEHLSCHWITZE
1 große Zwiebel
daumendickes Stück frischer Ingwer
2 Knoblauchzehen
1 Apfel
2 EL Sonnenblumenöl
2 EL Tomatenmark
1 EL Garam Masala
4 EL Currypulver
3 EL Mehl
400 ml trockener Weißwein

FÜR DAS CURRY
2 große Möhren
1 große Kartoffel
2 EL feiner Zucker
2 EL helle Sojasauce
2 EL Ketchup
450 g veganes Hähnchenfleisch

ZUM SERVIEREN (NACH BELIEBEN)
Fukujinzuke (japanische Pickles)
Schnittlauch (nach Belieben)

Feine Reibe • Großer Topf • Mittelgroßer Topf mit Deckel

Reis zubereiten • Reis mehrmals in einer Schüssel mit kaltem Wasser waschen, bis dieses klar bleibt • Wieder in die Schüssel geben, mit kaltem Wasser bedecken und 30 Minuten einweichen

Curry-Mehlschwitze zubereiten • Zwiebel schälen und hacken • Ingwer, Knoblauch und Apfel schälen und reiben • Sonnenblumenöl in einem großen Topf bei mittlerer Temperatur erhitzen, Zwiebel darin 4–5 Minuten dünsten • Ingwer, Knoblauch und Apfel hinzufügen und weitere 4–5 Minuten dünsten • Tomatenmark unterrühren und 2 Minuten mit anschwitzen • Gewürze und Mehl hinzufügen und 2–3 Minuten anrösten • Wein dazugießen, die Temperatur hochschalten und unter Rühren verdampfen lassen, ohne dass sich Klümpchen bilden • 10 Minuten kochen

Gemüse vorbereiten • Möhren und Kartoffel schälen und in 1,5 cm große Stücke schneiden, zur Mehlschwitze geben und unter Rühren 1 Minute mitgaren • Zucker, Sojasauce und Ketchup hinzufügen und noch 1 Minute rühren

Curry fertigstellen • 1 Liter kochendes Wasser zur Curry-Mischung gießen, zum Kochen bringen und etwa 25 Minuten kochen, bis die Kartoffeln weich sind, und die Sauce schön eingekocht ist • Nach 10 Minuten das vegane Hähnchenfleisch untermischen

Während das Curry kocht, den Reis kochen • Abgetropften Reis mit 540 ml kochendem Wasser in einen mittelgroßen Topf geben, den Deckel auflegen und 10 Minuten bei mittlerer Temperatur kochen • Wenn der Reis das Wasser aufgesaugt hat, Herd ausschalten und Reis im Dampf (zugedeckt) 10 Minuten fertig garen (in den 20 Minuten wird der Reis perfekt)

Servieren • Sauce abschmecken • Reis in Schalen füllen, Curry daraufgeben, etwas Pickles dazulegen und (wenn du möchtest) mit gehacktem Schnittlauch bestreuen und sofort servieren

HÄHNCHENSPIESSE – 3 VARIANTEN

Ein Spieß mit Salat ist eine tolle Option für ein Abendessen, denn damit kannst du Fleischiges mit Knackigem kombinieren. Wir konnten uns nicht für ein Spieß-Rezept entscheiden, daher haben wir hier gleich drei abgedruckt! Wer Pep und Biss auf den Teller bringen will, macht sich Teriyaki-Spieße mit Gurkensalat, wer Kräuter und Würziges liebt, Souvlaki-Spieße mit griechischem Salat, und wer cremige Marinade und knackigen Salat bevorzugt, greift zu Saté-Spießen mit thailändischem Salat.

TERIYAKI-SPIESSE MIT GURKENSALAT

2 PORTIONEN JE REZEPT

250 g veganes Hähnchenfleisch, in Stücke geschnitten

FÜR DIE TERIYAKI-MARINADE

4 TL Speisestärke
100 ml Teriyaki-Marinade (Fertigprodukt)
500 ml Ahornsirup

FÜR DEN GURKENSALAT

½ Salatgurke
1 Knoblauchzehe
25 g ungesalzene Erdnusskerne
½ EL helle Sojasauce
½ EL Reisessig
½ EL geröstetes Sesamöl
½ TL hellbrauner Zucker
½ TL getrocknete Chiliflocken
1 Handvoll Frühlingszwiebeln
1 EL Sesam

2 lange Spieße – wenn sie aus Holz sind, müssen sie mindestens 30 Minuten in Wasser eingeweicht werden • 2 kleine Töpfe • Auflaufform • Speisepinsel

Teriyaki-Marinade zubereiten • In einer kleinen Schale Stärke mit 2 TL Wasser anrühren • Teriyaki-Marinade und Ahornsirup in einen kleinen Topf geben und bei mittlerer Temperatur 3–4 Minuten dicklich einkochen • Stärke hinzufügen, die Temperatur reduzieren und unter Rühren sirupartig einkochen • Marinade in eine Schale füllen und kurz ruhen lassen, dann das Hähnchen hineinlegen und zur Seite stellen • Backofen auf 180 °C (Umluft) vorheizen

Gurkensalat zubereiten • Gurke waschen, längs in dünne Scheiben schneiden • Knoblauch schälen und pressen • Erdnüsse grob hacken • Einen zweiten Topf bei mittlerer Temperatur erhitzen, Knoblauch und Erdnüsse 1 Minute darin goldbraun rösten • Sojasauce, Reisessig, Sesamöl, Zucker und Chiliflocken in einer Schale verrühren • Gurkenscheiben hineinlegen und damit vermischen • Dann auf einem Teller anrichten • Frühlingszwiebeln putzen und in dünne Ringe schneiden. Mit Sesam, Knoblauch und Erdnüssen über die Gurken streuen

Spieße backen und servieren • Marinierte Hähnchenstücke auf Spieße stecken, in eine Auflaufform legen und mit der restlichen Marinade bestreichen • 13–15 Minuten im Ofen backen • Herausnehmen, zu den Gurken legen und sofort servieren

SOUVLAKI-SPIESSE MIT GRIECHISCHEM SALAT

250 g veganes Hähnchenfleisch, in Stücke geschnitten

FÜR DIE SOUVLAKI-MARINADE

1 Zitrone
1 Handvoll frische Petersilie
3 EL Olivenöl
1 EL Tomatenmark
½ EL getrockneter Oregano
½ EL geräuchertes Paprikapulver
1 TL gemahlener Kreuzkümmel
1 TL gemahlener Koriander
½ TL gemahlener Pfeffer
1 Prise Meersalz

2 lange Spieße – wenn sie aus Holz sind, müssen sie mindestens 30 Minuten in Wasser eingeweicht werden • Auflaufform • Speisepinsel

Souvlaki-Marinade zubereiten • Zitrone halbieren und Petersilie waschen, trocken schütteln und hacken • Zitrone auspressen, dabei mit der freien Hand die Kerne auffangen, und alle Zutaten in einer Schale miteinander verrühren • Hähnchenstücke hineinlegen, mit der Marinade vermischen und beiseitestellen • Den Backofen auf 180 °C (Umluft) vorheizen

Griechischen Salat zubereiten • Zwiebel schälen • Gurke und Tomate waschen und ebenso wie die Zwiebel klein würfeln und in einer Schale vermischen • Die halbe Zitrone in die Schale pressen, dabei mit der freien Hand die Kerne auffangen • Salat auf einem Teller anrichten, Feta darüber zerbröseln und mit Oliven bestreuen • Restliche Zutaten in einer Schale zu einem Dressing vermischen, mit Salz und Pfeffer würzen und darüberträufeln

FÜR DEN GRIECHISCHEN SALAT
¼ rote Zwiebel
¼ Salatgurke
1 Tomate
½ Zitrone
50 g veganer Feta
40 g Kalamata-Oliven
2 EL Olivenöl
½ TL Dijon-Senf
½ TL getrockneter Oregano
Meersalz und schwarzer Pfeffer

ZUM GARNIEREN
frische Dillspitzen
frische Petersilienblätter

Spieße backen und servieren • Marinierte Hähnchenstücke auf Spieße stecken, in eine Auflaufform legen und mit der restlichen Marinade bestreichen • 13–15 Minuten im Ofen backen • Dill und Petersilie waschen, trocken schütteln und grob hacken • Spieße aus dem Ofen nehmen, zum griechischen Salat legen, mit Dill und Petersilie garnieren und sofort servieren

SATÉ-SPIESSE MIT THAI-SALAT

250 g veganes Hähnchenfleisch, in Stücke geschnitten

FÜR DIE SATÉ-MARINADE
1 Limette
3 EL Erdnusscreme
1 EL helle Sojasauce oder Tamari (fermentierte Sojasauce)
1 TL vegane Fischsauce (optional)
3 ½ TL hellbrauner Zucker
½ TL Cayennepfeffer oder rotes Chilipulver (plus mehr zum Abschmecken)
1 Prise Ingwerpulver
1 Prise gemahlene Kurkuma
Meersalz (nach Belieben, Sojasauce und Erdnusscreme sind womöglich schon salzig genug)

FÜR DEN THAI-SALAT
50 g Wirsing
1 kleine Möhre (etwa 50 g)
1 Frühlingszwiebel
1 rote Chilischote
2–3 Stiele Koriandergrün
1 Limette
1 EL helle Sojasauce
1 TL brauner Zucker oder Ahornsirup
50 g Sojasprossen

ZUM SERVIEREN
Koriandergrün
1 Limette

2 lange Spieße – wenn sie aus Holz sind, müssen sie mindestens 30 Minuten in Wasser eingeweicht werden • Kleiner Topf • Gemüseschäler oder -hobel • Auflaufform • Speisepinsel

Saté-Marinade zubereiten • Limette halbieren und auspressen • Alle Zutaten für die Marinade in einen kleinen Topf geben und bei niedriger Temperatur kochen, bis die Erdnussbutter glatt wird, und sich der Zucker aufgelöst hat • Topf vom Herd nehmen, Hähnchenstücke hineinlegen und ziehen lassen, während der Salat zubereitet wird • Den Backofen auf 180 °C (Umluft) vorheizen

Thai-Salat zubereiten • Kohl putzen und in feine Streifen schneiden, Möhre schälen und mit einem Gemüseschäler oder -hobel in dünne Streifen schneiden • Frühlingszwiebel und Chilischote putzen und in dünne Ringe schneiden • Koriander waschen, trocken schütteln und fein hacken • Limette halbieren und auspressen, Saft mit Sojasauce und Zucker oder Ahornsirup zu einem Dressing verrühren • Gemüse und Kräuter zusammen mit den Sojasprossen auf einer Platte mischen und mit dem Dressing beträufeln

Spieße backen und servieren • Marinierte Hähnchenstücke auf Spieße stecken, in eine Auflaufform legen und mit der restlichen Marinade bestreichen • 13–15 Minuten im Ofen backen • Koriander hacken, Limette vierteln • Spieße herausnehmen, zum Thai-Salat legen, mit Koriander garnieren und mit Limettenstücken dazu servieren

CHICKEN TIKKA MASALA

Dies ist in Großbritannien wahrscheinlich das beliebteste Takeway-Gericht. Daher haben wir uns Mühe gegeben, eine richtig, richtig gute vegane Version davon zu kreieren. Es ist ungewöhnlich rauchig, angenehm wärmend, schön seidig und wird das Tikka Masala, das du bei deinem Lieferdienst vor Ort bekommst, in den Schatten stellen. Lecker, ganz große Klasse.

4 PORTIONEN

FÜR DAS HÄHNCHEN

1 Limette
4 Knoblauchzehen
10 g frischer Ingwer
1 TL Meersalz
150 ml veganer Kokosjoghurt (mit hohem Fettgehalt)
1 TL gemahlener Kreuzkümmel
1 TL Garam Masala
1 TL geräuchertes mildes Paprikapulver
1 TL gemahlene Kurkuma
400 g veganes Hähnchenfleisch, in Stücke geschnitten

FÜR DIE SAUCE

1 große Zwiebel
10 Knoblauchzehen
10 g frischer Ingwer
1 rote Chilischote
Samen von 1 Kardamomkapsel
3 Zimtstangen
6 Gewürznelken
50 g vegane Butter
Meersalz
400 g gehackte Tomaten (Dose)
1 EL Tomatenmark
2 TL hellbrauner Zucker
1 TL Paprikapulver
2 EL Currypulver
250 g vegane Sahne
1 EL Mangochutney
1 EL Zitronensaft

FÜR DEN REIS

300 g Basmatireis
1 TL feines Meersalz

ZUM SERVIEREN

4 EL Mandelblättchen
10 g Koriandergrün
8 Papadams

Feine Reibe • Leistungsstarker Standmixer • Große Pfanne • Kleine Pfanne • Mittelgroßer Topf mit Deckel

Hähnchenfleisch marinieren • Limette halbieren und den Saft in eine Rührschüssel pressen • Knoblauch und Ingwer schälen, reiben und mit Salz, Joghurt und Gewürzen in die Rührschüssel hinzufügen • Alles sorgfältig verrühren, das Hähnchenfleisch hineinlegen, mit der Marinade vermengen und zur Seite stellen

Zutaten für die Sauce vorbereiten • Zwiebel schälen und in dünne Streifen schneiden • Knoblauch und Ingwer schälen • Chilischote von Stiel und Samen befreien • Kardamomsamen, Zimtstangen und Gewürznelken in einen Standmixer geben, zu feinem Pulver zerkleinern und in eine kleine Schale geben • Knoblauch, Ingwer und Chili im Mixer zu einer Paste verarbeiten

Sauce zubereiten • Butter in einer großen Pfanne bei mittlerer Temperatur zerlassen • Zwiebelstreifen und 1 Prise Salz hinzufügen und 4–5 Minuten weich und goldgelb dünsten • Gewürzpaste dazugeben und unter Rühren 2 Minuten braten • Gewürzpulver dazugeben und noch 1 Minute rühren • Tomaten, Tomatenmark und Zucker hinzufügen • 300 ml Wasser in die leere Tomatendose gießen, ausspülen und das Wasser in die Pfanne gießen; alles 10–12 Minuten leise einkochen lassen • Dann die Pfanne vom Herd nehmen und die Sauce abkühlen lassen

Reis kochen • Reis in einem Sieb unter kaltem, fließendem Wasser 1 Minute waschen • In einen mittelgroßen Topf geben, 600 ml kaltes Wasser und etwas Salz hinzufügen • Topfdeckel auflegen und bei hoher Temperatur zum Kochen bringen • Wenn das Wasser zu kochen beginnt, die Temperatur auf niedrige Stufe herunterschalten und den Reis zugedeckt 12 Minuten kochen • Dann den Topf vom Herd nehmen und den Reis zugedeckt im Dampf fertig garen lassen • Vor dem Servieren den Deckel abnehmen und den Reis mit einer Gabel auflockern

Curry fertigstellen • Die abgekühlte Sauce in den Standmixer geben und glatt pürieren • Dann wieder zurück in die Pfanne gießen und bei mittlerer Temperatur erwärmen • Paprika- und Currypulver unterrühren • Anschließend Sahne und Mangochutney hinzufügen • Das marinierte Hähnchenfleisch (mit der Marinade) unter die Sauce rühren und noch 8 Minuten leicht köcheln lassen • Mit Zitronensaft und etwas Salz abschmecken (etwas mehr Mangochutney könnte auch nicht schaden)

Zum Servieren • Mandelblättchen in einer kleinen Pfanne ohne Fett bei mittlerer Hitze 1–2 Minuten rösten, nicht anbrennen lassen • Den Reis auf Schalen verteilen, Curry daraufgeben und mit Mandeln und frischem Koriander garnieren • Sofort mit Papadams servieren

ENTENPFANNKUCHEN

Entenpfannkuchen sind unsere Lieblingsvorspeise. Wirklich, wir finden, dass nichts annähernd so gut schmeckt! Jackfruit, mit chinesischem Fünf-Gewürze-Pulver gewürzt und knusprig gebraten, anschließend mit Hoisin-Sauce und Orangensaft vermischt, ist die perfekte Pfannkuchenfüllung. Mit knackigen Gurken, Frühlingszwiebeln, Pflaumensauce und Koriander schmecken diese leckeren Schönheiten unglaublich gut. Der Biss des veganen Fleischs, die Süße der Sauce, die Frische der Gurken und Frühlingszwiebeln werden in diese köstlichen dünnen Pfannkuchen gerollt. Das sind himmlische kleine Röllchen, von denen wir NIE genug bekommen können. Mache sie dir auch, jetzt gleich. Du wirst es nicht bereuen, keinen einzigen Moment.

2 PORTIONEN ALS HAUPTSPEISE ODER 4 ALS VORSPEISE (ERGIBT 12 PFANNKUCHEN)

FÜR DIE ENTE

400 g Jackfruit (Dose; in Wasser) oder veganes Entenfleisch
1 EL Olivenöl
1 EL geröstetes Sesamöl
1 EL Hähnchengewürz
2 TL chinesisches Fünf-Gewürze-Pulver
Meersalz

FÜR DIE PFANNKUCHEN

1 mittelgroße Salatgurke
8 Frühlingszwiebeln
1 Handvoll Koriandergrün
12 chinesische Pfannkuchen (Fertigprodukt)
2 EL schwarzer und heller Sesam
6 EL vegane Pflaumensauce

FÜR DIE SAUCE

1 EL Tamari (fermentierte Sojasauce)
1 gehäufter TL Ingwer-Knoblauch-Paste (Fertigprodukt)
1 EL gerösteter Sesam
4 EL Hoisin-Sauce
Saft von ½ Orange

Backofen auf 180 °C vorheizen • Große Auflaufform

Zuerst die Ente vorbereiten • Jackfruit abtropfen lassen und trocken tupfen, in eine große Auflaufform legen und mit zwei Gabeln auseinanderzupfen (dabei die Samen entfernen, die wie Bohnen aussehen) • Olivenöl, geröstetes Sesamöl, Hähnchengewürz, Fünf-Gewürze-Pulver und 1 Prise Salz hinzufügen • Alles sorgfältig vermischen und 30–35 Minuten im Ofen backen, bis die Jackfruit gar und knusprig ist, nach der Hälfte der Zeit noch einmal wenden

Restliche Zutaten vorbereiten • Gurke putzen, längs halbieren und mit einem Löffel die Kerne rauskratzen • Die Hälften dritteln und in feine Stifte schneiden • Frühlingszwiebeln putzen, längs halbieren und in ebenso große Stücke wie die Gurke schneiden • Koriander waschen, trocken schütteln und hacken

Pfannkuchen backen • Die chinesischen Pfannkuchen gemäß der Packungsanweisung backen

Sauce zubereiten • Zutaten für die Sauce in einer kleinen Schale vermischen

Ente fertigstellen • Gegarte Jackfruit aus dem Ofen nehmen und gründlich mit der Sauce vermengen

Servieren • Ente in Servierschalen füllen • Vorbereitetes Gemüse ebenfalls in Servierschalen füllen und diese auf den Tisch stellen • Ente, Frühlingszwiebeln, Gurke, Sesamsamen und Koriander auf die Pfannkuchen geben und mit etwas Pflaumensauce beträufeln. Die Pfannkuchen fest aufrollen und genießen!

HINWEIS

Du kannst anstelle der Jackfruit in diesem Rezept auch 600 g Kräuterseitlinge verwenden – diese genauso wie die Jackfruit zubereiten.

KUNG PAO HUHN

Ein bisschen Würze, ein bisschen Süße und ein bisschen Biss, wie bei Fleisch. Das ist ein fantastisches Fake-away für alle, die einen gewissen Kick suchen. Serviere es unter der Woche mit Reis oder ergänze es für einen wundervollen Freitagabend mit ein paar weiteren kleinen Gerichten.

2 PORTIONEN

FÜR DIE HÄHNCHEN-MARINADE

1 EL geröstetes Sesamöl
2 TL helle Sojasauce
1 EL Ahornsirup
1 EL Speisestärke
¼–½ TL Cayennepfeffer
320 g veganes Hähnchenfleisch, in Stücke geschnitten

FÜR DEN REIS

150 g Basmatireis
½ TL feines Meersalz

FÜR SAUCE UND GEMÜSE

2,5 cm frischer Ingwer
2 Knoblauchzehen
200 g rote und / oder orange Paprikaschoten
2 Frühlingszwiebeln
2 EL geröstetes Sesamöl
50 g ungesalzene Erdnusskerne
2 EL Speisestärke
2 EL helle Sojasauce
1 EL hellbrauner Zucker oder Ahornsirup (plus etwas mehr zum Abschmecken)
1 EL Shaoxing-Reiswein
½ TL rotes Chilipulver (oder mehr, wenn du es gerne scharf magst)
½ TL Pfeffer
200 ml Gemüsebrühe
Meersalz

ZUM SERVIEREN

20 g ungesalzene Erdnusskerne
1 Frühlingszwiebel

Mittelgroßer Topf • Wok oder Pfanne • 2 mittelgroße Pfannen

Hähnchenfleisch vorbereiten • Alle Zutaten für die Marinade in einer mittelgroßen Schüssel verrühren • Hähnchenstücke hineinlegen und mindestens 30 Minuten darin ziehen lassen

Reis kochen • Reis in einem Sieb 1 Minute unter kaltem, fließendem Wasser waschen • In einen mittelgroßen Topf geben, 300 ml kaltes Wasser und Salz hinzufügen • Topfdeckel auflegen und bei hoher Temperatur zum Kochen bringen • Wenn das Wasser zu kochen beginnt, die Temperatur auf niedrige Stufe herunterschalten und den Reis zugedeckt 12 Minuten kochen • Dann den Topf vom Herd nehmen und den Reis zugedeckt im Dampf fertig garen lassen

Sauce zubereiten • Ingwer und Knoblauch schälen und fein hacken • Paprika halbieren, putzen, waschen und in 1,5 cm große Würfel schneiden • Frühlingszwiebeln putzen und in 1 cm große Stücke schneiden • In einem Wok oder einer Pfanne 1 EL Sesamöl bei niedriger Temperatur erhitzen, die Erdnüsse hineingeben und 1–2 Minuten hellbraun rösten • Ingwer und Knoblauch hinzufügen und weitere 1–2 Minuten dünsten, bis sie weich sind und duften • Paprika dazugeben und weitere 2 Minuten braten • In einem kleinen Glas Speisestärke mit 2 EL Wasser anrühren und dazugießen • Sojasauce, Zucker, Reiswein, Chilipulver, Pfeffer, Gemüsebrühe und 1 Prise Salz unterrühren • Die Temperatur herunterschalten und alles ganz leicht köcheln lassen

Hähnchen braten • Restliches Sesamöl bei hoher Temperatur in einer mittelgroßen Pfanne erhitzen • Das marinierte Fleisch hineingeben und 3–4 Minuten (oder nach Packungsanweisung) braten, bis es an den Rändern knusprig wird

Fertigstellen • Erdnüsse zerkleinern (zum Servieren) • Sauce mit etwas Wasser verdünnen, falls sie zu dick ist • Frühlingszwiebeln und Hähnchenfleisch unter die Sauce mischen

Servieren • Frühlingszwiebel putzen und in dünne Ringe schneiden • Reis in Schalen füllen, Hähnchenfleisch daraufgeben, mit Frühlingszwiebeln und Erdnüssen garnieren und sofort servieren

KO-CLUB-SANDWICH

Club-Sandwiches sind die vielleicht beliebtesten Sandwiches überhaupt, und man versteht gut, warum. Perfekt gewürztes Hähnchenfleisch und süßlicher Räucherspeck mit knackigem Salat, seidiger Mayo und saftigen Tomaten werden hier in einen knusprigen Toast gepackt. Serviert mit Pommes oder einer Tüte Chips mit eiskalter Cola ist das ein echter Knock-out-Lunch!

ERGIBT 2 SANDWICHES

FÜR DAS HÄHNCHENFLEISCH

3 dicke braune Kräuterseitlinge
2 EL Olivenöl
1 EL Hähnchengewürz
1 TL getrockneter Salbei
Meersalz und schwarzer Pfeffer

FÜR DIE PILZ-SPECK-MARINADE

2 EL Olivenöl
1 EL Ahornsirup
1 EL Tamari (fermentierte Sojasauce)
1 TL geräuchertes Paprikapulver
½ TL Knoblauchpulver
1 TL flüssiges Raucharoma (optional)
2 braune Kräuterseitlinge

FÜR DIE SANDWICHES

1 Rispentomate
1 Romanasalatherz
6 dicke Scheiben Weißbrot
4 EL vegane Mayonnaise
8 Zahnstocher

ZUM SERVIEREN

1 große Tüte Chips

Backofen auf 190 °C vorheizen • Mit Backpapier ausgelegtes Backblech • Große Pfanne • Toaster oder Grill

Hähnchenfleisch vorbereiten • Von den Pilzen die Köpfe abschneiden und für ein anderes Rezept aufbewahren • Stiele grob in etwa 1 cm dicke Streifen reißen • In eine Schüssel legen, mit Olivenöl beträufeln und mit Hähnchengewürz, Salbei und etwas Salz und Pfeffer bestreuen • Alles sorgfältig vermischen

Hähnchen backen • Pilze gleichmäßig auf einem mit Backpapier belegten Backblech verteilen • In den Ofen schieben und 25–30 Minuten goldbraun backen

Marinade zubereiten • Alle Zutaten für die Marinade (außer den Pilzen) in einer großen Schüssel sorgfältig miteinander vermengen

Pilz-Speck zubereiten • Die Köpfe der Kräuterseitlinge abschneiden und anderweitig verwenden • Stiele längs in 5 mm dicke Scheiben schneiden • In die Marinade legen • Sorgfältig mischen und mindestens 10 Minuten darin ziehen lassen

Restliche Zutaten vorbereiten • Tomate waschen und in dünne Scheiben schneiden • Salat längs halbieren, das weiße Herz entfernen, die Blätter waschen und grob in Streifen schneiden • Das Brot toasten

Pilz-Speck braten • Eine große Pfanne bei niedriger bis mittlerer Temperatur erhitzen • Dann die marinierten Pilz-Speck-Scheiben hineinlegen und bei mittlerer bis hoher Temperatur 5–6 Minuten braten, nach der Hälfte der Zeit wenden

Sandwiches zusammensetzen • 2 Toastscheiben auf ein Brett legen und jeweils mit 1 EL Mayo bestreichen • Zuerst mit Salatstreifen, dann mit Hähnchenstreifen belegen • Eine andere Toastscheibe darauflegen • Ebenfalls mit 1 EL Mayo bestreichen • Tomatenscheibe, dann Pilz-Speck-Scheiben darauflegen • Mit der letzten Toastscheibe abschließen

Servieren • Die Sandwiches jeweils mit 4 Zahnstochern in den Ecken fixieren • In 4 Dreiecke schneiden und sofort mit Chips servieren

RIND

PHILLY CHEESESTEAK

Auf der Homepage der Zeitung *The Philadelphia Newspaper* heißt es: „1930 erfand Pat Olivieri, ein Hotdog-Verkäufer und der Namensgeber des Restaurants *Pat's King of Steaks*, das Cheesesteak als er Rindfleisch auf seinen Grill warf, um sich ein Sandwich zuzubereiten." Unsere Version ist sicher etwas anders als die von Pat, aber wir sind uns ziemlich sicher, dass er von unserem Cheesesteak sehr beeindruckt wäre.

4 PORTIONEN

- 3 weiße Zwiebeln
- 45 ml Sonnenblumenöl
- Meersalz
- 1 EL Apfelessig
- 300 g braune Champignons
- 1 grüne Chilischote
- schwarzer Pfeffer
- 2 vegane Brühwürfel für Rinderbrühe
- 4 vegane Steaks (aus Soja- / Erbsenprotein)
- 4 Hotdog-Brötchen
- 25 g vegane Butter
- 150 g geriebener veganer heller Käse (z. B. Mozzarella-Art)

ZUM SERVIEREN

- 8 große Gewürzgurken
- amerikanischer Senf zum Servieren (nach Belieben)

Backofen auf 180 °C vorheizen • Großer Topf mit Deckel • Große Pfanne • Hitzebeständiger Rührbecher • Backblech • Zange

Zwiebeln vorbereiten und dünsten • Zwiebeln schälen, halbieren und in dünne Streifen schneiden • Die Hälfte des Öls in einem großen Topf bei mittlerer Temperatur erhitzen, Zwiebeln und 1 Prise Salz hineingeben, umrühren, einen Deckel auflegen und 3–4 Minuten dämpfen • Den Deckel abnehmen und bei mittlerer bis niedriger Temperatur noch 5–6 Minuten unter gelegentlichem Rühren dünsten, bis sie goldbraun und karamellisiert sind • Mit Essig ablöschen

Pilze braten • Den Stiel von den Pilzen entfernen und die Köpfe in Scheiben schneiden • Chilischote halbieren, von den Samen befreien und in dünne Ringe schneiden • Etwas von dem restlichen Öl in einer großen Pfanne bei mittlerer Temperatur erhitzen • Pilze und 1 Prise Salz und Pfeffer dazugeben und 5–10 Minuten goldbraun braten • Nach 3–4 Minuten Chilischote hinzufügen • Die fertigen Pilze mit den Zwiebeln mischen und beiseitestellen • Die Pfanne nicht reinigen

Steak braten • Die Brühwürfel in einen hitzebeständigen Rührbecher krümeln und 380 ml kochendes Wasser dazugießen • Ein Drittel der Brühe in einen Becher gießen und beiseitestellen • Die restliche Brühe zu der Pilz-Zwiebel-Mischung in die Pfanne gießen • Steaks schräg in Scheiben schneiden, sodass ihre Oberfläche etwas größer wird • Einen Schuss Öl in der Pfanne, in der die Pilze gebraten wurden, bei mittlerer Temperatur erhitzen, Steakscheiben hineinlegen und ein paar Minuten braten • Brühe aus dem Becher dazugießen und das Steak bei mittlerer bis hoher Temperatur ein paar Minuten darin köcheln lassen, bis ein Großteil der Brühe eingekocht ist • Pilz-Zwiebel-Mischung dazugeben und die Flüssigkeit fast vollständig verdampfen lassen • Abschmecken und nachwürzen

Servieren • Hotdog-Brötchen aufschneiden, mit Butter bestreichen und auf einem Backblech 3–4 Minuten im Ofen knusprig rösten • Auf Teller legen, mit einer Zange mit der Steak-Mischung füllen, Käse daraufgeben und sofort mit Gewürzgurken und amerikanischem Senf servieren

ULTIMATIVE BOLOGNESE-SAUCE

Wir haben in unserem Leben schon viele Bolognese-Rezepte geschrieben, aber dies hier ist das ultimative. Es ist gehaltvoll, aromatisch und komplex. Du kannst dir gerne ein Eselsohr in die Seite machen, denn du wirst es sicher immer wieder kochen. Serviere die Sauce zu Nudeln, in Lasagne, zu Polenta oder in einem salzigen Pie. In jedem Fall wird sie dir ein Lächeln aufs Gesicht zaubern.

8 PORTIONEN

FÜR DAS HACK
150 g veganer Speck
800 g braune Champignons
300 g veganes Hackfleisch
Salz
schwarzer Pfeffer
75 ml Olivenöl

FÜR DIE SAUCE
1 Zwiebel
8 Knoblauchzehen
2 Möhren
10 g Thymianzweige
½ Fenchelknolle
2 Stangen Staudensellerie
100 g getrocknete Steinpilze
50 ml Olivenöl
Meersalz
1 TL getrocknete Chiliflocken
375 ml veganer Rotwein
1 Dose ganze Tomaten (400 g Füllgewicht)
1 EL hellbrauner Zucker
3 EL Henderson's Relish (vegane Worcestershire-Sauce)
100 g Tomatenmark
100 g vegane Sahne
schwarzer Pfeffer

Standmixer • Große Pfanne

Zutaten für das Hack vorbereiten • Speck und Pilze grob in Scheiben schneiden • Mit dem veganen Hack, je 1 TL Salz und Pfeffer in einen Standmixer geben und per Pulse-Funktion zu Hack zerkleinern (je nach Größe des Standmixers eventuell portionsweise vorgehen)

Hack zubereiten • In einer großen Pfanne Olivenöl bei mittlerer bis hoher Temperatur erhitzen • Hackmasse zu walnussgroßen Bällchen formen, zu Pattys flach drücken und portionsweise ein paar Minuten von beiden Seiten braun braten • Zur Seite stellen • So wird die Textur der Pattys perfekt

Restliche Zutaten vorbereiten • Zwiebel, Knoblauch und Möhren schälen und grob hacken • Thymian waschen, trocken schütteln und die Blätter von den Zweigen streifen • Fenchel putzen und grob hacken • Sellerie putzen und in Stücke schneiden • Anschließend alle Zutaten in den Standmixer geben (er muss nicht vorher gereinigt werden) und klein würfeln • Steinpilze nach Packungsanweisung in Wasser einweichen

Bolognese kochen • In einer großen Pfanne Olivenöl bei mittlerer bis hoher Temperatur erhitzen • Zwiebelmischung mit 2 TL Salz und Chiliflocken hineingeben und 8–10 Minuten unter gelegentlichem Rühren weich und goldgelb dünsten • Mit Rotwein ablöschen und 5–7 Minuten köcheln lassen • Pattys hinzufügen und unter Rühren 2 Minuten garen • Tomaten, Steinpilze, Zucker, Henderson's Relish und Tomatenmark einrühren • Die Bolognese 25–30 Minuten kochen, dabei gelegentlich umrühren, damit nichts ansetzt, und ggf. einen Schuss Wasser hinzufügen

Servieren • Vegane Sahne in die Sauce rühren • Bolognese abschmecken, nachwürzen und mit Reis, Polenta, Kartoffelpüree oder, wie wir es am liebsten mögen, mit Pasta servieren!

CHILI-CHEESEBURGER-NACHOS

Die Stiefel von Nancy Sinatra waren zum Laufen, aber unsere Chili-Cheeseburger-Nachos sind zum Teilen. Dies ist DAS Rezept, das du machen solltest, wenn du Freund*innen zum Fußballgucken bei dir hast. Also kommt schon, ihr Blauen! (Oder Roten, wenn du für die bist.)

4–6 PORTIONEN

FÜR DIE KÄSE-SAUCE
150 g Kartoffeln
100 g Süßkartoffeln
Meersalz
40 g ungesalzene Cashewkerne
10 g Hefeflocken
1 TL Paprikapulver
1 TL Zwiebelpulver
1 TL Knoblauchpulver

FÜR DIE BURGER-SAUCE
120 g vegane Mayonnaise
60 g Ketchup
2 TL Einlegewasser von Gewürzgurken
1 TL gemahlener schwarzer Pfeffer

ZUM SERVIEREN
¼ Kopf Eisbergsalat
1 Fleischtomate
3 große Gewürzgurken
200 g veganer Cheddar
350 g Tortilla-Chips
100 g Jalapeños-Scheiben (Glas)
40 g Röstzwiebeln

FÜR DIE BURGER-PATTYS
20 ml Olivenöl
4 vegane Burger-Pattys
2–3 EL Saft von eingelegten Jalapeños

2 mittelgroße Töpfe • Standmixer • Reibe • Pfanne • Tiefe Auflaufform

Käsesauce zubereiten • Alle Kartoffeln schälen und klein würfeln • Salzwasser in einem Topf bei hoher Temperatur zum Kochen bringen • Kartoffelwürfel hineingeben und 12 Minuten weich kochen • In einem zweiten Topf mit kochendem Wasser die Cashewkerne 10–12 Minuten köcheln • Kartoffeln abgießen, aber das Wasser auffangen • Cashewkerne abtropfen lassen und mit den Kartoffeln, Hefeflocken, Paprika-, Zwiebel- und Knoblauchpulver in einen Standmixer geben • Zu einer glatten Paste pürieren, ggf. zum Verlängern etwas von dem Kartoffelkochwasser hinzufügen – insgesamt werden 750–800 g Sauce benötigt • Beiseitestellen

Burger-Sauce zubereiten • Mayo, Ketchup, Gurkenwasser und Pfeffer in einer Schale vermengen • Bis zur Verwendung in den Kühlschrank stellen

Zutaten zum Servieren vorbereiten • Salat waschen, trocken schütteln und in Streifen schneiden • Fleischtomate waschen, trocknen und würfeln • Die Gewürzgurken in Scheiben schneiden • Käse reiben

Burger-Pattys zubereiten • Öl in einer Pfanne bei mittlerer Temperatur erhitzen und die Pattys 3 Minuten von einer Seite darin braten • Wenden und von der anderen Seite ein paar weitere Minuten braten, dann 2–3 EL Jalapeño-Saft dazugeben; den Herd ausschalten • Die Pattys aus der Pfanne nehmen und auf einem Brett ein paar Minuten ruhen lassen, dann in kleine Stücke schneiden • Den Backofen auf 180 °C vorheizen

Nachos zusammensetzen • Den Boden einer tiefen Auflaufform mit Tortilla-Chips belegen, ein paar Patty-Stücke, Jalapeños, Tomaten, etwas Cheddar, Gewürzgurken, Röstzwiebeln und etwas Käsesauce darüber verteilen • Den Vorgang wiederholen, bis alle Zutaten aufgebraucht sind (ein paar Tomatenscheiben, Röstzwiebeln und Gurken zurückbehalten) • 3–4 Minuten im Ofen backen

Servieren • Die Form aus dem Ofen nehmen, den Salat und die beiseitegelegten Tomaten, Röstzwiebeln und Gurken daraufstreuen • Burger-Sauce darüber verteilen und sofort Bier servieren

ORZO MIT FLEISCHBÄLLCHEN

Die Nudelsorte Orzo verwenden wir nicht oft, aber wenn, dann fragen wir uns immer wieder, warum wir sie nicht öfter kochen, denn sie ist wunderbar. Apropos wunderbar: Die Inspiration für dieses herrliche Rezept kam von der Königin der Küche persönlich, von Nigella Lawson.

4 PORTIONEN

FÜR DIE FLEISCHBÄLLCHEN

- 20 g glatte Petersilie (einschließlich Stängel)
- 3 Knoblauchzehen
- 2 EL Chiasamen
- 600 g veganes Hackfleisch
- 3 EL Panko (japanische Semmelbrösel)
- 4 EL Hefeflocken oder geriebener veganer Parmesan
- 2 TL Meersalz
- 2 TL gemahlener schwarzer Pfeffer

FÜR DIE SAUCE

- 1 kleine Zwiebel
- 20 ml Olivenöl
- 1 TL Meersalz
- 250 ml veganer Weißwein
- 800 g gehackte Tomaten (Dose)
- 3 EL Tomatenmark
- 1 TL Paprikapulver
- ½ TL getrocknete Chiliflocken
- 1 EL Rotweinessig
- 1 EL hellbrauner Zucker
- 2 EL vegane Butter
- 250 g Orzo-Nudeln

ZUM SERVIEREN

- 1 Handvoll frische Petersilie
- Hefeflocken oder veganer Parmesan
- 40 g Rucola
- etwas frisch gepresster Zitronensaft

Große gusseiserne Pfanne mit Deckel

Fleischbällchenmasse zubereiten • Petersilie waschen, trocken schütteln, fein hacken und zur Seite stellen • Knoblauch schälen und fein hacken • Chiasamen etwa 10 Minuten in einer Schale mit 4 EL kaltem Wasser einweichen, bis sie eine gelartige Konsistenz annehmen • Alle Zutaten für die Bällchen in eine große Schüssel geben und von Hand verkneten, aber nicht zu lange, damit die Masse die richtige Struktur behält, und die Fleischbällchen nicht zu fest werden

Fleischbällchen formen • Kleine Mengen der Masse abnehmen und zu walnussgroßen Bällchen formen, auf einen sauberen Teller legen • Es sollten etwa 20 Fleischbällchen entstehen

Sauce kochen • Zwiebel schälen und fein würfeln • Öl in einer gusseisernen Pfanne erhitzen, die groß genug für Fleischbällchen und Nudeln ist • Zwiebel und Salz hineingeben und bei mittlerer Temperatur unter gelegentlichem Rühren etwa 10 Minuten weich dünsten • Wein dazugießen und noch 10 Minuten köcheln lassen • Tomaten, Tomatenmark, Paprikapulver, Chiliflocken, Essig, Zucker und Butter untermischen • Die Dosen der Tomaten zu zwei Drittel mit kaltem Wasser ausspülen und in die Pfanne gießen; Sauce zum Köcheln bringen, dann den Deckel auflegen und 30–35 Minuten kochen

Fleischbällchen garen • Fleischbällchen in die köchelnde Sauce legen • Diese wieder aufkochen, Temperatur herunterschalten, den Deckel wieder auflegen und alles 15 Minuten leicht köcheln lassen

Nudeln hinzufügen • Orzo hineingeben, vorsichtig umrühren und die Temperatur hochschalten, sodass alles sprudelnd kocht • 15 Minuten kochen lassen, bis die Nudeln gar sind • Gelegentlich umrühren, damit der Orzo nicht am Boden ansetzt

Servieren • Petersilie waschen, trocken schütteln und hacken • Pasta in Schalen füllen, mit Petersilie, Hefeflocken bestreuen, den Rucola waschen, trocken schütteln und ebenfalls darüber geben. Etwas Zitronensaft dazugeben und gleich darüber hermachen

KEEMA PARATHA MIT KOKOSCHUTNEY

Für dieses Gericht aus weichem, mit saftigem, würzigem Hackfleisch gefülltem Brot haben wir uns von den besten nord- und südindischen Gerichten inspirieren lassen. Klingt gut, oder? Man kann es pur essen wie ein Sandwich, oder auch anstelle von Naan-Brot mit einem schönen, cremigen Curry. Aufreißen, eintunken und reinhauen!

4–6 PORTIONEN

FÜR DEN PARATHA-TEIG

500 g Weizenmehl, plus etwas mehr zum Bestäuben
2 TL Meersalz
4 TL Schwarzkümmelsamen
120 g Kokosjoghurt

FÜR DAS HACK

½ Zwiebel
4 grüne Bird's-Eye-Chilis
50 g Koriandergrün (Blätter und Stiele)
2 cm frischer Ingwer
4 Knoblauchzehen
20 g Minze
2 EL Pflanzenöl
Meersalz
1 EL Garam Masala
1 EL gemahlener Kreuzkümmel
½ TL Asant (Teufelsdreck, Asien-Laden)
1 EL gemahlener Koriander
1 ½ TL gemahlene Kurkuma
1 EL Hefeflocken
300 g veganes Hackfleisch
150 g Erbsen
Saft von ½ Limette

FÜR DAS KOKOSCHUTNEY

150 g Kokosraspeln
4 Frühlingszwiebeln
1 grüne Chilischote
1 Knoblauchzehe
1 kleine Schalotte
80 g Minze
2 Limetten
120 g Kokosjoghurt
80 ml Rapsöl
1 TL Meersalz

ZUM SERVIEREN

vegane Butter
etwas Koriandergrün

Feine Reibe • Gusseiserner Topf • Standmixer • Teigrolle • Grillpfanne oder normale Pfanne • Speisepinsel

Paratha-Teig zubereiten • Mehl, Salz, Schwarzkümmel und Joghurt in eine große Schüssel geben und von Hand zu einem krümeligen Teig mischen • Nach und nach etwa 100 ml Wasser dazugeben und alles zu einem weichen Teig verarbeiten • Die Schüssel mit einem feuchten Tuch abdecken und den Teig 20–30 Minuten ruhen lassen

Gemüse für die Füllung vorbereiten • Zwiebel schälen und fein würfeln • Chili putzen und in dünne Ringe schneiden • Koriander waschen, trocken schütteln und die Stiele fein schneiden • Ingwer und Knoblauch schälen und reiben • Minze waschen, trocken schütteln, die Blätter abzupfen und in feine Streifen schneiden

Füllung zubereiten • Pflanzenöl in einem gusseisernen Topf bei mittlerer Temperatur erhitzen • Zwiebel und 1 Prise Salz hineingeben und 3 Minuten unter Rühren glasig dünsten • Ingwer, Knoblauch, Korianderstängel und Chilis hinzufügen und unter ständigem Rühren 2 Minuten braten • Gemahlene Gewürze und Hefeflocken untermengen • Veganes Hackfleisch und 115 ml Wasser dazugeben, umrühren und 12 Minuten kochen, bis das meiste Wasser aufgesaugt ist • Topf vom Herd nehmen und Erbsen, ½ TL Salz, Minze- und Korianderblätter unterrühren • Limettensaft dazugeben • Füllung auf Zimmertemperatur abkühlen lassen • Dann in einen Standmixer geben und grob per Pulse-Funktion mixen • In eine Schüssel umfüllen und den Mixer reinigen

Chutney zubereiten • Kokosraspeln in 50 ml lauwarmem Wasser einweichen und beiseitestellen • Frühlingszwiebeln putzen und in Stücke schneiden • Chilischote entstielen, von den Samen befreien und grob hacken • Knoblauch und Schalotte schälen • Minze waschen, trocken schütteln und die Blätter von den Stängeln zupfen • Limetten halbieren und auspressen, Saft in den Standmixer gießen • Restliche Chutney-Zutaten dazugeben und zu einem Püree verarbeiten

Paratha fertigstellen • Den Teig in 8 gleich große Stücke teilen • Zu Kugeln formen, mit etwas Mehl bestäuben und jeweils zu einem etwa 10 cm großen Kreis ausrollen • Etwa 65 g Füllung mittig daraufgeben und die Teigränder darüber zusammenklappen • Mit Mehl bestäuben und vorsichtig zu einem 13–15 cm großen Kreis ausrollen • Eine Grillpfanne oder normale Pfanne ohne Fett bei mittlerer bis hoher Temperatur erhitzen, dann etwas Butter darin zerlassen • 1 Paratha hineinlegen und etwa 4 Minuten backen, dabei mit einem flachen Spatel fest drücken und ungefähr jede Minute wenden, dabei mit zerlassener Butter bestreichen, damit sie schön goldgelb werden

Servieren • Koriander waschen, trocken schütteln und fein hacken • Paratha auf einen Teller geben, mit etwas gehacktem Koriander bestreuen und sofort mit dem Kokoschutney servieren

CARNE-ASADA-TACOS

Wir LIEBEN Tacos, sie sind ein echter Genuss. Sie sind so ziemlich das perfekte Essen für einen zwanglosen Anlass. Ein paar Drinks, etwas Sonne, ein paar Freund*innen, jede Menge Gespräche, viel Gelächter und ein paar Tacos. Damit kannst du eigentlich nichts falsch machen, oder? Wir haben Freund*innen, die Taco-Läden betreiben, die du UNBEDINGT besuchen musst. Zuerst unsere Freundin Meriel, die ein mexikanisches Restaurant namens *Club Mexicana* leitet. Es liegt in Kingly Court in der Nähe von Londons berühmter Carnaby Street, das Essen ist einfach himmlisch. Wenn du jemals in London bist, empfehlen wir dir dringend, dorthin zu gehen! Dann betreibt unser guter Freund Joe eine Mezcal-Bar und -Tacoria namens *PINA* im Stadtviertel Kelham Island in Sheffield. Die Cocktails dort sind so gut wie sonst nirgendwo, und die vegane Speisekarte ist voller köstlicher Tacos, zu denen man einfach nicht Nein sagen kann.

Wie auch immer, du hast sicher schon bemerkt, dass wir Tacos lieben, und wenn du dieses Rezept zu Hause nachkochst, wird es dir bestimmt genauso gehen!

4 PORTIONEN

600 g vegane Steaks

FÜR DIE MARINADE

8 g Koriandergrün
4 Knoblauchzehen
1 große Orange
1 große Zitrone
2 Limetten
60 ml Sonnenblumenöl
60 ml helle Sojasauce
½ TL gemahlener Kreuzkümmel
½ TL geräuchertes Paprikapulver
½ TL schwarzer Pfeffer
1 TL gehackte Chipotle-Chilischoten in Adobo-Sauce oder Adobo-Paste
½ TL Chilipulver
½ TL getrockneter Oregano
ein paar Prisen Salz

FÜR DIE GUACAMOLE

3 reife Avocados
2–3 Limetten
1 Schalotte
2 rote Chilischoten
1 Knoblauchzehe
15 g Koriandergrün
Meersalz

Feine Reibe • Schneebesen • Dose mit Deckel • Mittelgroßer Topf • Grillpfanne • Zange • Pfanne

Marinade zubereiten • Korianderwaschen, trocken schütteln, die Blätter von den Stängeln zupfen und grob hacken • Knoblauch schälen und reiben • Zitrusfrüchte halbieren und auspressen • Alle Zutaten für die Marinade in einer Schale mit einem Schneebesen oder einer Gabel verquirlen

Steaks marinieren • Vegane Steaks in 1 cm breite Streifen schneiden, in eine Dose legen, mit der Hälfte der Marinade bedecken, Dose verschließen, schütteln und das Fleisch ruhen lassen • Restliche Marinade zur Seite stellen

Rote Zwiebel vorbereiten • Rote Zwiebel schälen und fein würfeln, in eine Schale geben und mit kaltem Wasser bedecken (so wird sie milder)

Guacamole zubereiten • Avocados halbieren, den Stein entfernen und das Fruchtfleisch mit einem Löffel herauslösen • Die Hälfte davon in eine Schale geben und mit einer Gabel zerkleinern • Restliche Avcocado in 5 mm große Stücke schneiden • Limetten halbieren • Schalotte schälen und fein würfeln • Chilischoten halbieren, von Samen befreien und in dünne Ringe schneiden • Knoblauch schälen und reiben • Korianderwaschen, trocken schütteln, die Blätter von den Stängeln zupfen und dann in feine Streifen schneiden • Limetten über der Schale auspressen, Schalotte, Chili, Knoblauch und Korianderblätter hinzufügen und alles vermengen • Guacamole mit Salz abschmecken • Avocadostücke untermischen, beiseitestellen

Steaks braten • Beiseitegestellte Marinade und Marinade der Steaks in einem mittelgroßen Topf bei mittlerer Temperatur auf die Hälfte einkochen • Eine Grillpfanne bei mittlerer Temperatur erhitzen, Steakstreifen hineingeben und unter gelegentlichem Wenden 3–4 Minuten braten • In den Topf zur Marinade geben, alles vermischen und die Temperatur herunterschalten

ZUM SERVIEREN
½ rote Zwiebel
8–12 Mais-Tacos
2 Limetten
60 g veganer Feta
Korianderblätter (nach Belieben)
Chilisauce (nach Belieben)

Tacos zubereiten • Eine trockene Pfanne bei mittlerer Temperatur erwärmen und die Tacos einzeln darin 10 Sekunden von allen Seiten rösten • Auf einen Teller legen und mit einem sauberen Tuch abdecken

Servieren • Limetten in Stücke schneiden • Veganen Feta in eine Schale krümeln • Rote Zwiebel in ein Sieb abgießen, überschüssiges Wasser mit einem Löffelrücken ausdrücken und die Zwiebelwürfel in eine Schale geben • Steakstreifen und Guacamole in separate Servierschalen geben • Alles zusammen mit den gewaschenen Korianderblättern und der Chilisauce auf den Tisch stellen und die Gäste auffordern, sich selbst ihre Tacos zusammenzusetzen!

BŒUF BOURGUIGNON

Wenn du das hier zwischen Oktober und März liest, solltest du unbedingt dieses Bourguignon kochen. Es wärmt, schmeckt herzhaft und ist voller Aromen. Die Sauce ist gehaltvoll und gesund, enthält Rotwein und fruchtige Aromen. Sie köchelt bei niedriger Temperatur im Ofen vor sich hin, bis sie perfekt ist. Wir servieren sie mit dem seidigsten Püree der Welt, das für die perfekte Konsistenz durch ein Sieb gedrückt wurde. Aber du kannst auch einfach Frühkartoffeln mit Butter, cremige Polenta oder Mafaldine-Pasta dazu reichen. Besser als dieser kann kein Eintopf schmecken – guten Appetit!

4 PORTIONEN

FÜR DAS BOEUF BOURGUIGNON

2 Zwiebeln
3 Knoblauchzehen
2 Möhren
Olivenöl
Meersalz und schwarzer Pfeffer
450 g veganes Steak
150 g veganer Speck in Würfeln
150 g Champignons
120 g Silberzwiebeln (Glas)
3 EL Tomatenmark
1 EL Gemüsebrühe (Pulver)
400 ml veganer Rotwein
2 Thymian- oder Rosmarinzweige
2 große Lorbeerblätter
2 TL Tamari (fermentierte Sojasauce)
2 TL hellbrauner Zucker

FÜR DAS KARTOFFELPÜREE

1 kg Kartoffeln (z. B. Maris Piper)
Meersalz und schwarzer Pfeffer
100 g vegane Butter
4 EL veganer Drink, bei Bedarf etwas mehr

ZUM SERVIEREN (OPTIONAL)

1 Handvoll Petersilie

Großer ofenfester Schmortopf mit Deckel • Großer Topf • Sieb, Kartoffelpresse oder -stampfer

Basis zubereiten • Zwiebeln und Knoblauch schälen und klein würfeln • Möhren in Stücke schneiden • Olivenöl in einem großen Schmortopf bei mittlerer Temperatur erhitzen • Zwiebeln, Knoblauch, Möhren und 1 Prise Salz hineingeben • Gut umrühren und etwa 10 Minuten dünsten, bis die Möhren weich werden

Fleisch und Pilze braten • Vegane Steaks in mundgerechte Stücke schneiden • Veganen Speck und Steakstücke zu dem Gemüse geben und 10 Minuten mitbraten • Pilze putzen, halbieren und mit den abgetropften Silberzwiebeln und dem Tomatenmark hinzufügen • Gut vermischen und weitere 8 Minuten braten

Boeuf Bourguignon fertigstellen • Gemüsebrühe in 300 ml kochendem Wasser anrühren • Rotwein und Brühe in den Schmortopf gießen, Thymian oder Rosmarin, Lorbeerblätter, Tamari und braunen Zucker dazugeben und gründlich umrühren • Alles zum Kochen bringen, dann die Temperatur herunterschalten und 30 Minuten leicht köcheln lassen; den Backofen auf 100 °C vorheizen • Topfdeckel auflegen und alles 30 Minuten im Ofen garen

Kartoffelpüree zubereiten • Kartoffeln schälen und in mundgerechte Stücke schneiden • In einen großen Topf mit kochendem Salzwasser geben und bei mittlerer Temperatur 15 Minuten weich kochen • Kartoffeln abgießen und in ein feines Sieb geben, dieses über den leeren Topf hängen • Mit einem Löffelrücken die Kartoffeln durch das Sieb in den Topf drücken (alternativ eine Kartoffelpresse oder -stampfer verwenden) • Kartoffelreste von der Siebunterseite abkratzen • Butter zu dem Püree geben und verrühren, bis sie schmilzt • Drink dazugeben und sorgfältig vermischen • Mit Salz und Pfeffer abschmecken, nach Bedarf noch mehr Drink hinzufügen, bis die gewünschte Konsistenz erreicht ist

Servieren • Thymian- oder Rosmarinzweige und Lorbeerblätter aus dem Topf nehmen • Boeuf Bourguignon in Servierschüsseln füllen und Kartoffelpüree dazureichen • Falls gewünscht, die Petersilie hacken und etwas schwarzen Pfeffer darüberstreuen

SÜDAFRIKANISCHER BOBOTIE

Bobotie ist ein traditionelles südafrikanisches Gericht, ein bisschen wie Lasagne, ein bisschen wie Moussaka, aber eigentlich doch ganz anders. Es besteht aus Curry-Hackfleisch und Linsen, die mit Ingwer, Kurkuma, Zimt und Mangochutney gewürzt und mit einer puddingartigen Schicht überbacken werden – das ist das beste Gericht für mehrere Personen. Wir servieren es mit leuchtend gelbem Reis, der mit Kurkuma und Zitrone gewürzt wird. Es hat einen tollen Duft, eine herrliche Farbe und eine wunderbare Textur. Wenn du ein kreativer Koch oder eine kreative Köchin bist und dich nach einer Herausforderung sehnst, solltest du es ausprobieren. Wir finden Bobotie genial und hoffen, dass es dir auch so geht!

4–6 PORTIONEN

FÜR DAS TOPPING
600 g Seidentofu
2 EL Hefeflocken
½ TL gemahlene Kurkuma
Meersalz

FÜR DIE BASIS
2 Zwiebeln
3 Knoblauchzehen
Olivenöl
Meersalz und schwarzer Pfeffer
2 Möhren
1 gehäufter EL mildes Currypulver
½ TL gemahlene Kurkuma
½ TL gemahlener Ingwer
½ TL gemahlener Zimt
1 TL gemahlener Koriander
1 TL scharfes Chilipulver (optional, für einen Schärfekick)
½ TL getrocknete gemischte Kräuter
400 g grüne Linsen (Dose)
600 g veganes Hack
1 EL Apfelessig
4 EL Mangochutney
4 Lorbeerblätter

FÜR DEN REIS
140 g Jasminreis
25 g vegane Butter
1 EL Olivenöl
1 TL gemahlene Kurkuma
1 TL feiner Zucker
1 Bio-Zitrone
100 g Rosinen
Meersalz

Leistungsstarker Standmixer • Großer Topf mit Deckel • Große Auflaufform • Mittelgroßer Topf mit Deckel • Kastenreibe und feine Reibe

Topping zubereiten • Seidentofu abtropfen lassen und in den Standmixer geben • Hefeflocken, Kurkuma und 1 Prise Salz hinzufügen • Alles glatt pürieren • Bis zur Verwendung beiseitestellen

Basis zubereiten • Zwiebeln und Knoblauch schälen und fein würfeln • Einen großen Topf bei mittlerer Temperatur erhitzen und etwas Olivenöl hineingeben • Zwiebeln, Knoblauch und 1 Prise Salz hineingeben • Sorgfältig vermischen und 5–10 Minuten dünsten, bis die Zwiebeln weich werden • Möhren reiben und 5 Minuten mitgaren, dann die Gewürze und Kräuter hinzufügen und noch ein paar Minuten weitergaren • Den Backofen auf 180 °C (Ober-/Unterhitze) vorheizen • Linsen abtropfen lassen und mit dem veganen Hack in den Topf geben, sorgfältig vermischen und 10–15 Minuten garen, bis das Hack braun ist • Apfelessig, Mangochutney und 2 Lorbeerblätter dazugeben • Mit Salz und viel Pfeffer abschmecken

Bobotie zusammensetzen • Die Basis in eine große Auflaufform füllen und mit dem Tofu-Topping bedecken • Dieses mit einem großen Löffel verteilen und die beiden restlichen Lorbeerblätter darauflegen

Bobotie backen • Die Form auf die oberste Schiene in den Ofen schieben und 15–20 Minuten backen, bis die Oberfläche goldbraun ist

Reis kochen • Reis in einem Sieb unter fließendem kalten Wasser 1 Minute abspülen • Einen mittelgroßen Topf bei mittlerer Temperatur erwärmen und die Butter hineingeben • Schmelzen lassen, Olivenöl und den Reis hinzufügen; gut vermischen und ein paar Sekunden dünsten, dann 280 ml Wasser dazugießen sowie Kurkuma und Zucker hinzufügen • Das Wasser zum Kochen bringen • Dann die Temperatur herunterschalten und den Topfdeckel auflegen • Reis 12 Minuten leise köcheln, bis das Wasser aufgegenommen wurde • Dann den Topf vom Herd nehmen und den Reis zugedeckt 10 Minuten ruhen lassen

Servieren • Reis mit einer Gabel auflockern • Etwas Zitronenschale darüberreiben, dann die Zitrone halbieren und über dem Reis auspressen, dabei Kerne mit der freien Hand auffangen • Rosinen und Salz dazugeben • Reis in eine große Servierschüssel füllen und zum Bobotie servieren

BBQ SMASHED BURGER

Ians Vater Neil hat ab und zu Frikadellen am Nachmittag für uns gemacht, und sie waren köstlich. Diese BBQ Smashed Burger sind Neils Frikadellen nachempfunden, aber wir haben sie mit BBQ-Sauce verfeinert, damit sie eine rauchig-süße Note bekommen. Diese Burger zaubern einem immer wieder ein Lächeln aufs Gesicht. Burger-Brötchen werden hier mit selbst gemachten Pattys, Tomatenscheiben, BBQ-Mayo, knusprigen Röstzwiebeln, gehacktem Salat und geschmolzenem, veganem Käse belegt – das ultimative Burger-Erlebnis.

ERGIBT 4 MEGA BURGER ODER 8 NORMALE

FÜR DIE PATTYS

4 Schalotten
2 EL Olivenöl, plus etwas mehr zum Einfetten der Hände
Meersalz und schwarzer Pfeffer
1 EL brauner Zucker
600 g veganes Hack
50 g Semmelbrösel
50 g BBQ-Sauce

FÜR DIE BURGER

4–8 Burger-Brötchen
4 EL Olivenöl
1 Romanasalat
1 Fleischtomate (oder große Tomate)
4 EL vegane Mayonnaise
4 EL BBQ-Sauce
4–8 vegane Käsescheiben
Röstzwiebeln

Backofen auf 180 °C vorheizen • Pfanne • Mit Backpapier ausgelegtes Backblech • Breites Glas mit flachem Boden

Pattys zubereiten • Schalotten schälen und fein würfeln • Eine Pfanne bei mittlerer Temperatur erhitzen und Olivenöl hineingeben • Wenn es heiß ist, Schalotten und 1 Prise Salz hineingeben • Sorgfältig vermischen und 3–4 Minuten weich dünsten • Zucker dazugeben und weitere 3–4 Minuten dünsten, bis die Schalotten karamellisiert sind • Dann die Pfanne vom Herd nehmen, Schalotten in eine große Schüssel geben und ein paar Minuten abkühlen lassen • Veganes Hack, Semmelbrösel, BBQ-Sauce hinzufügen und mit Salz und Pfeffer würzen • Sorgfältig vermischen

Pattys formen • Hände mit etwas Öl einfetten und die Masse zu 4 größeren oder 8 kleineren Pattys formen • Auf ein mit Backpapier ausgelegtes Backblech legen und mit dem Boden eines breiten Glases flach drücken – gegebenenfalls die Seiten mit der Hand formen • 25 Minuten im Ofen backen

Restliche Zutaten zubereiten • Burger-Brötchen halbieren • Schnittflächen mit etwas Olivenöl beträufeln und in der Pfanne bei hoher Temperatur goldbraun rösten • Salat putzen und die Blätter waschen, trocken schütteln und klein schneiden • Die Tomate waschen, putzen und in dünne Scheiben schneiden • Vegane Mayo und BBQ-Sauce in einer kleinen Schüssel glatt rühren

Burger fertigstellen • Nach 25 Minuten das Blech aus dem Ofen nehmen • Käsescheiben auf die Pattys legen und diese nochmals für 1 Minute in den Ofen schieben, damit der Käse schmilzt

Servieren • Untere Brötchenhälften mit der BBQ-Mayo bestreichen • Pattys aus dem Ofen nehmen und darauflegen • Burger mit Salatblättern, Tomatenscheiben und Röstzwiebeln belegen • Mit der Brötchen-Oberhälfte abschließen und sofort servieren

KNUSPRIGE RINDFLEISCHSTREIFEN MIT GEBRATENEM REIS

Dies ist eines der besten Fakeaways, die wir gemacht haben. Es könnte sich lohnen, ein paar Takeaway-Schachteln zu kaufen, damit du das chinesische Freitag-Abend-Feeling bekommst. Süße, dickliche Sauce auf knusprigen Rindfleischstreifen bilden einen der köstlichsten Bissen, die du je probiert hast. Wir servieren sie mit gebratenem Reis, der mit Kurkuma gewürzt und mit zerbröseltem Tofu und frischem Gemüse angereichert wird. Öffne dir eine Flasche Wein, schalte den Fernseher ein und genieß dieses leckere Gericht – du hast es dir verdient.

4 PORTIONEN

FÜR DIE MARINADE
- 2 EL Tamari (fermentierte Sojasauce)
- 2 TL Ingwer-Knoblauch-Paste (Fertigprodukt)
- 2 EL geröstetes Sesamöl
- ½ TL feiner Zucker

FÜR DAS RINDFLEISCH
- 400 g veganes Rindfleisch
- 140 g Speisestärke
- 200 ml Pflanzenöl (zum Braten)

FÜR DEN REIS
- 150 g Jasminreis
- 25 g vegane Butter
- 1 EL Olivenöl
- 1 TL hellbrauner Zucker
- 1 Zwiebel
- 2 Knoblauchzehen
- 1 rote Paprika
- etwas geröstetes Sesamöl
- Meersalz
- 140 g fester Tofu
- 1 TL gemahlene Kurkuma
- 2 TL Tamari (fermentierte Sojasauce)
- 100 g TK-Erbsen

FÜR DIE SAUCE
- 3 EL süße Chilisauce
- 1 EL normales oder scharfes Ketchup
- 2 EL Tamari (fermentierte Sojasauce)
- 1 EL brauner Zucker oder Ahornsirup
- 1 EL Reisessig
- 1 TL Meersalz

ZUM SERVIEREN
- 1 rote Chilischote
- 1 Handvoll Koriandergrün
- 4 Frühlingszwiebeln

Großer Topf • 3 große Pfannen • Schaumlöffel

Rindfleisch marinieren und Gemüse vorbereiten • Zutaten für die Marinade in einer großen Schüssel vermischen • Rindfleisch in maximal 1 cm dicke Streifen schneiden • In die Marinade legen, gut vermischen und 10–15 Minuten ziehen lassen

Reis kochen • Reis in einem Sieb unter kaltem fließendem Wasser 1 Minute waschen • Einen großen Topf bei mittlerer Temperatur erhitzen und die Butter hineingeben • Olivenöl und Reis hinzufügen, gut umrühren und ein paar Sekunden rösten, dann 300 ml kaltes Wasser und Zucker hinzufügen • Deckel auflegen, zum Kochen bringen, dann die Temperatur herunterschalten und 12 Minuten leise köcheln lassen, bis das Wasser aufgesaugt ist • Dann den Reis noch 10 Minuten zugedeckt ruhen lassen • Bis zur weiteren Verwendung zur Seite stellen (siehe Hinweis)

Sauce zubereiten • Alle Zutaten in einer Schale glatt rühren

Rindfleisch aus der Marinade nehmen • Nacheinander die Rindfleischstreifen aus der Marinade nehmen, kurz abtropfen lassen (falls nötig) und in eine große Schüssel legen • Rundum mit Speisestärke bestäuben • Restliche Marinade aufbewahren

Reis braten • Zwiebel und Knoblauch schälen und würfeln, Paprika halbieren, putzen, waschen und in kleine Würfel schneiden • Sesamöl in einer großen Pfanne bei mittlerer Temperatur erhitzen • Zwiebel, Knoblauch, Paprika und 1 Prise Salz hineingeben • Gründlich vermischen und 5–10 Minuten dünsten, bis die Zwiebel weich ist • Tofu hineinbröseln, Kurkuma dazugeben und umrühren • Einige Minuten braten, dann den gegarten Reis, Tamari und Erbsen untermengen • 5–10 Minuten braten, bis alles schön heiß ist

Rindfleisch braten • In einer separaten großen Pfanne Pflanzenöl bei hoher Temperatur erhitzen und die marinierten Fleischstreifen hineingeben • 2–4 Minuten braten, bis sie sehr knusprig sind, dabei stetig rühren • Wenn sie gar sind, die Streifen mit einem Schaumlöffel herausnehmen und auf Küchenpapier legen

Fleisch mit Sauce vermengen • Einen Topf bei hoher Temperatur erhitzen • Die Sauce und restliche Marinade darin ein paar Minuten dicklich einkochen • Dann die Fleischstreifen hineinlegen und gründlich damit vermischen

Servieren • Chili und Koriander waschen, trocken schütteln und in dünne Scheiben schneiden, Frühlingszwiebeln putzen und in dünne Ringe schneiden • Gebratenen Reis auf Teller geben und mit den knusprigen Rindfleischstreifen servieren • Mit Chilistreifen, Koriander und Frühlingszwiebeln bestreuen

HINWEIS

Gebratenen Reis nicht zu lange bei Zimmertemperatur stehen lassen. Falls nötig, in den Kühlschrank stellen und vor dem Servieren noch einmal sehr gut erhitzen.

BIG BOSH SUNDAY LUNCH MIT FLEISCH

Es gibt nichts Schöneres, als an einem Sonntag seine Liebsten zu einem guten Essen zusammenzubringen. Das ist eine prima Gelegenheit, sich Geschichten zu erzählen, Gedanken zu diskutieren und sich auszutauschen. Dies ist das fleischigste vegane Filet Wellington, das du jemals probieren wirst, mit einer Hackfleischfüllung und einer Schicht aus Pilzen und knusprigem, goldgelbem Teig. Es wird mit ultimativen Beilagen serviert: cremigkäsigem Lauch, in Ahornsirup karamellisierten Pastinaken, leckerem Rosenkohl mit Speck und DEN perfekt knusprigen Röstkartoffeln, dazu eine gehaltvolle Sauce aus roten Zwiebeln. Wenn du schon länger nicht mehr zum Sonntagsessen eingeladen hast, könntest du deine Freund*innen oder Verwandten anrufen, einen Termin ausmachen, sie einladen und diese Rezepte hier kochen. Wir garantieren dir, du wirst es nicht bereuen.

Das Filet Wellington kannst du schon am Vorteig vorbereiten.

Wenn du es für 8 Personen planst, erhöhe die Menge an Beilagen um 20 Prozent.

FILET WELLINGTON

6–8 PORTIONEN

FÜR DIE FÜLLUNG
- 900 g fleischige vegane Burger-Pattys
- Meersalz und schwarzer Pfeffer
- 2 EL Olivenöl
- Dijon-Senf zum Bestreichen

FÜR DIE PILZ-FARCE
- 650 g braune Champignons
- 1 Knoblauchzehe
- 180 g gegarte Maronen (vakuumiert)
- Meersalz und schwarzer Pfeffer
- etwas Olivenöl
- 2 Zweige Thymian

ZUM ZUSAMMENSETZEN
- 2 vegane Blätterteig-Bögen (Fertigprodukt)
- ungesüßter Mandeldrink zum Bestreichen
- schwarzer und heller Sesam

Auflaufform • Standmixer • Große Pfanne • Backblech • Speisepinsel

Filet Wellington zubereiten • Die veganen Burger-Pattys in eine große Schüssel geben • Salz und Pfeffer daraufstreuen und alles mit einer Gabel vermengen • Die Masse von Hand in eine dicke Wurst formen – dies wird das „Filet“ • Dieses in Frischhaltefolie wickeln, in eine Auflaufform legen und in den Kühlschrank stellen, damit es fest wird

Pilz-Farce zubereiten • Champignons putzen und halbieren, Knoblauch schälen, beides mit Maronen und je 1 Prise Salz und Pfeffer in den Standmixer geben und alles zu einer Paste zerkleinern • Etwas Öl in einer großen Pfanne bei hoher Temperatur erhitzen • Dann die Pilzmasse hineingeben, Thymian waschen, trocken schütteln, die Blätter von den Zweigen zupfen und ebenfalls hinzufügen • Gut vermischen und 5–10 Minuten unter gelegentlichem Rühren braten, bis die Flüssigkeit verdampft ist • Anschließend beiseitestellen und abkühlen lassen

Währenddessen das Filet anbraten • Die Pfanne auswischen und das Olivenöl bei hoher Temperatur darin erhitzen • Das Filet aus der Frischhaltefolie nehmen und in die Pfanne legen • Von allen Seiten braun anbraten • Auf einen Teller legen und rundum mit Dijon-Senf bestreichen

Füllung zubereiten • Ein großes Stück Frischhaltefolie auf der Arbeitsfläche ausbreiten und die Pilzmasse in der Größe des Filets darauf verstreichen • Das Filet an eine Kante der Füllung legen • Dann wie zu einer Wurst fest aufrollen • Die Enden der Frischhaltefolie fest verdrehen, damit die Wurst in Form bleibt, und für 15 Minuten in den Kühlschrank legen

Wellington fertigstellen • Einen Bogen Blätterteig auf dem Backpapier auf einem großen Backblech ausrollen • Das Filet aus der Frischhaltefolie nehmen und mittig auf den Blätterteig legen • Diesen in Daumenbreite um das Filet sorgfältig mit Mandeldrink bestreichen

Den anderen Blätterteig auf das Filet legen und rundum an den mit Drink befeuchteten Stellen andrücken, sodass der Teig fest verschlossen ist • Den Teig daumenbreit um das Filet ausschneiden, Reste zum Verzieren zur Seite legen • Filet fest in Frischhaltefolie wickeln und für weitere 10 Minuten kühl stellen, oder über Nacht, wenn du super organisiert bist • Den Backofen auf 190 °C vorheizen

Wellington bestreichen • Frischhaltefolie entfernen und den Teig nach Belieben mit den Resten verzieren. Diese falls nötig dafür noch einmal ausrollen und ausstechen – wir bedecken das Filet gerne mit diagonalen Teigstreifen • Mit einem Essstäbchen ein Loch in den Teig drücken, damit er beim Backen nicht aufbricht • Den Teig rundum um Mandeldrink bestreichen und mit Sesam bestreuen

Wellington backen • Das Filet 45–50 Minuten im Ofen goldbraun backen

Servieren • Das Filet 15 Minuten ruhen lassen, damit sich die Bratensäfte setzen können, dann auf ein Schneidebrett legen und aufschneiden

RÖSTKARTOFFELN

6 PORTIONEN

100 ml Olivenöl
2 kg Kartoffeln (Sorte Maris Piper)
Meersalz
2 EL Kichererbsenmehl
2 Zweige Rosmarin

Backofen auf 190 °C vorheizen • Backblech • Kartoffelschäler • Großer Topf

Backblech vorbereiten • Olivenöl auf ein Backblech gießen • In den Ofen schieben und währenddessen die Kartoffeln zubereiten

Kartoffeln zubereiten • Kartoffeln schälen und in dicke Stücke schneiden • Kartoffelstücke in einen großen Topf geben, mit Wasser bedecken, Salz hineingeben und bei mittlerer Temperatur zum Kochen bringen • Dann die Temperatur reduzieren und 2 Minuten kochen • Anschließend das Wasser abgießen und die Kartoffeln ein paar Minuten ausdampfen lassen, bis sie ganz trocken sind • Nun das Backblech aus dem Ofen nehmen, die abgetropften Kartoffeln daraufgeben und mit dem Öl vermischen (Vorsicht, das Öl ist sehr heiß) • 25 Minuten im Ofen backen • Dann das Kichererbsenmehl, 1 kräftige Prise Salz und die Rosmarinzweige sorgfältig mit den Kartoffeln vermischen • Weitere 20–30 Minuten goldgelb und knusprig backen

IN AHORNSIRUP KARAMELLISIERTE PASTINAKEN UND MÖHREN

6 PORTIONEN

3 große Möhren
3 große Pastinaken
Olivenöl
Meersalz und schwarzer Pfeffer
40 g gemahlene Mandeln
2 EL Ahornsirup
50 g geröstete Pinienkerne
10 g glatte Petersilie

Backofen auf 190 °C vorheizen • Backblech

Möhren und Pastinaken waschen, evtl. schälen und in mundgerechte Stücke schneiden • Auf ein Backblech legen und etwas Olivenöl und Salz darübergeben • Sorgfältig vermischen und 35 Minuten im Ofen backen • Anschließend gemahlene Mandeln und Ahornsirup untermengen und für weitere 5–10 Minuten goldgelb backen, bis das Gemüse gar ist • Aus dem Ofen nehmen, die Pinienkerne untermischen (ein paar davon zurückbehalten) • Petersilie waschen, trocken schütteln und hacken • Gemüse auf einen Servierteller geben und mit gehackter Petersilie, restlichen Pinienkernen und etwas schwarzem Pfeffer bestreuen.

SAUCE

6 PORTIONEN

1 EL vegane Rinderbrühe (Pulver)
3 rote Zwiebeln
4 Knoblauchzehen
Olivenöl
Meersalz
2 TL Steak-Gewürz
1 EL Gemüsebrühe (Pulver)
3 EL Tomatenmark
400 ml veganer Rotwein
3 Zweige Rosmarin
2 große Lorbeerblätter (oder 3 kleine)
1 EL Hefeextrakt
2 TL hellbrauner Zucker

Großer Topf • Sieb (optional)

Rinderbrühe in 300 ml kochendem Wasser auflösen • Zwiebeln schälen und fein würfeln, Knoblauch schälen und würfeln • Einen großen Topf bei mittlerer Temperatur erhitzen und etwas Olivenöl hineingeben • Wenn es heiß ist, Zwiebel, Knoblauch und 1 Prise Salz hinzufügen • Gut umrühren und 5–10 Minuten dünsten, bis die Zwiebeln weich werden • Steak-Gewürz, Gemüsebrühe, Tomatenmark, Rotwein, Rinderbrühe, Rosmarin, Lorbeerblätter, Hefeextrakt und Zucker hinzufügen • Zum Kochen bringen, dann die Temperatur herunterschalten und 20 Minuten köcheln lassen, dabei noch etwas Wasser dazugießen, wenn die Sauce zu dick wird (wir fügen noch 200 ml hinzu) • Sauce durch ein Sieb streichen (optional, damit sie glatt wird) • Zum Servieren bei mittlerer Temperatur erwärmen und so viel Wasser dazugießen, bis sie die gewünschte Konsistenz hat (ca. 150 ml)

ROSENKOHL MIT SPECK

6 PORTIONEN

600 g Rosenkohl
150 g veganer Speck
Olivenöl
Meersalz und schwarzer Pfeffer
1 kleines Stückchen vegane Butter
½ EL Ahornsirup
Saft von ½ Zitrone
geriebener veganer Parmesan (optional)

Backofen auf 190 °C vorheizen • Große Auflaufform • Mittelgroßer Topf

Rosenkohlröschen putzen, halbieren und Speck in Streifen schneiden • Rosenkohl in eine große Auflaufform legen, mit etwas Olivenöl beträufeln und mit 1 kräftigen Prise Salz bestreuen • Sorgfältig vermischen • Rosenkohl 15–25 Minuten im Ofen backen, bis die Röschen goldgelb sowie außen knusprig und innen gar sind • Währenddessen einen mittelgroßen Topf bei mittlerer Temperatur erhitzen und die Butter hineingeben • Schmelzen lassen, dann die Speckstreifen hinzufügen, umrühren und 5 Minuten braten (Dauer je nach Packungsangabe) • Ahornsirup und etwas Zitronensaft unterrühren • Rosenkohl und Speck auf einen Servierteller geben und mit etwas geriebenen, veganen Parmesan (falls gewünscht) und 1 Prise Pfeffer bestreuen

CREMIGER LAUCH

6 PORTIONEN

3 Stangen Lauch
1 kleines Stückchen vegane Butter
Meersalz
100 g TK-Erbsen
100 g vegane Crème fraîche (oder Sahne)
3 EL Hefeflocken oder veganer Parmesan
2 TL Dijon-Senf
Saft von ½ Zitrone

Mittelgroßer Topf

Lauch putzen und in dünne Ringe schneiden • Einen mittelgroßen Topf bei mittlerer Temperatur erhitzen und die Butter hineingeben • Schmelzen lassen, dann die Lauchringe und 1 Prise Salz hinzufügen • Umrühren und 5–10 Minuten dünsten, bis der Lauch weich ist • Anschließend die Erbsen, vegane Crème fraîche, Hefeflocken, Senf und etwas Zitronensaft untermischen • Temperatur herunterschalten und noch ein paar Minuten garen, bis die Erbsen weich sind • Abschmecken und nachwürzen • In eine Servierschale füllen und heiß servieren

SCHWEIN

ASIATISCHE TEIGKUGELN MIT HACK

Es macht super Spaß, diese kleinen Schönheiten zuzubereiten, und sie schmecken großartig. Die Füllung ist spritzig und süßlich, die Teigtaschen weich und saftig. Reiß sie auf, tunk sie in Sojasauce und beiß hinein – was für ein Genuss!

4 PORTIONEN (ERGIBT 8 TEIGTASCHEN)

FÜR DEN TEIG

300 g Weizenmehl, plus etwas mehr zum Bestäuben
1 TL Trockenhefe
1 TL feiner Zucker

FÜR DIE FÜLLUNG

2 ½ EL helle Sojasauce, plus etwas mehr zum Servieren
1 EL Shaoxing-Reiswein
2 ½ EL Hoisin-Sauce
1–2 TL feiner Zucker
1 Prise chinesisches Fünf-Gewürze-Pulver
1 kräftige Prise schwarzer Pfeffer
1 EL Reisessig
3 kleine Schalotten
2 Knoblauchzehen
daumendickes Stück Ingwer
1 EL Pflanzenöl
200 g veganes Hack
1 TL geröstetes Sesamöl
Sesam zum Bestreuen (nach Belieben)

Mikrowelle • Feine Reibe • Große gusseiserne Pfanne oder Wok • Teigrolle • Großer Topf • Dampfkörbchen aus Bambus • Backpapier

Teig zubereiten • Mehl in eine Schüssel geben und beiseitestellen • Hefe, Zucker und 160–180 ml warmes Wasser in einem Becher miteinander verrühren und 1 Minute ruhen lassen • Dann zum Mehl geben und mit einem Holzlöffel zu einem glatten Teig verrühren • Teig auf der Arbeitsfläche 10 Minuten kneten, bis er weich ist • Zurück in die Schüssel geben und mit Frischhaltefolie abdecken • An einem warmen Ort 1 Stunde ruhen lassen, bis er sein Volumen verdoppelt hat • Wenn es schneller gehen soll, 200 ml Wasser in einer kleinen Schale in der Mikrowelle auf höchster Stufe 1 ½ Minuten erhitzen • Die Schale herausnehmen, die Schüssel mit dem Teig hineinstellen (mit Frischhaltefolie bedeckt), die Tür schließen und den Teig 30 Minuten gehen lassen

Füllung zubereiten • Sojasauce, Shaoxing-Reiswein, Hoisin-Sauce, Zucker, Fünf-Gewürze-Pulver, Pfeffer und Essig in einer Schüssel verrühren • Schalotten schälen und fein würfeln • Knoblauch und Ingwer schälen und reiben • Pflanzenöl in einer Pfanne oder in einem Wok bei mittlerer Temperatur erhitzen, Schalotten hineingeben und 1 Minute dünsten • Knoblauch und Ingwer hinzufügen und unter Rühren braten, bis es duftet • Hackfleisch und geröstetes Sesamöl dazugeben und ein paar Minuten unter Rühren weiterbraten, dabei das Hack mit einem Holzlöffel zerkleinern • Die Temperatur herunterschalten, die Sauce unterrühren und 3–5 Minuten garen, dann würzen und zum Abkühlen beiseitestellen

Teigtaschen formen • Teig in 8 gleich große Stücke teilen, jeweils zu einer Kugel rollen und diese mit einem feuchten Tuch abdecken, damit sie nicht austrocknen • Eine Kugel zu einem 12 cm großen Kreis flach drücken (wie einen kleinen Pizzateig), mit etwas Mehl bestäuben und die Ränder mit einer Teigrolle ausrollen, dabei dazwischen immer wieder um 20 Grad drehen – so entsteht ein kleiner Kreis, der in der Mitte etwas dicker ist • Ein Achtel der Füllung mittig darauflegen und den Rand darüber zusammenfalten

Teigtaschen backen und servieren • Backpapier in der Größe des Dampfkörbchens zurechtschneiden und Löcher hineinstechen, damit der Dampf eindringen kann • Die Papierkreise mit etwas Öl beträufeln und in das Dampfkörbchen legen • Einen großen Topf 5 cm hoch mit kochendem Wasser füllen und dieses bei hoher Temperatur am Kochen halten • Das Dampfkörbchen auf den Topf setzen, Teigtaschen hineinlegen (eventuell portionsweise vorgehen), den Deckel auflegen und Teigtaschen 11–12 Minuten im Dampf garen • Dann das Körbchen vom Topf nehmen und die Teigtaschen 2 Minuten darin ruhen lassen, anschließend mit Sojasauce zum Dippen servieren und nach Belieben mit Sesamsamen bestreuen

CHORIZO MIT BOHNENPÜREE

Spanische Würste und Bohnenpüree, das mag jede*r gern. Gute Würstchen verdienen gute Beilagen, genau das bekommst du mit diesem Rezept. Eine dickliche, würzige Sauce mit Safran und Harissa, dazu cremiges Püree und geschmorte Paprika mit Oliven und Zitronensaft – wir garantieren, dass hier jeder Bissen anders als der nächste ist.

4 PORTIONEN

200 g vegane Chorizo-Würstchen

FÜR DIE SAUCE
ein paar Safranfäden
2 Gemüsebrühwürfel
4 rote Zwiebeln
3 Knoblauchzehen
Olivenöl
Meersalz
1 TL Paprikapulver
½–1 TL hellbrauner Zucker
2 TL Rosen-Harissa-Paste
1 EL Tomatenmark
1 EL Rotweinessig

FÜR DAS PÜREE
1 Zwiebel
2 Knoblauchzehen
Olivenöl
Meersalz
800 g Limabohnen (Dose)
2 TL geräuchertes Paprikapulver
50 g vegane Butter
175 g vegane Sahne, ggf. etwas mehr
2 EL Hefeflocken
1 TL Rosen-Harissa-Paste
1 Zitrone

FÜR DIE PAPRIKA
je 1 rote und gelbe Paprika
1 Handvoll schwarze Oliven (entsteint)
Olivenöl
½ Zitrone

ZUM BESTREUEN
1 Handvoll Petersilie
schwarzer Pfeffer

Feine Reibe • 2 große Pfannen • Stabmixer oder Kartoffelstampfer

Sauce zubereiten • Safran und Brühwürfel in 500 ml kochendem Wasser auflösen • Zwiebeln schälen, 2 fein würfeln und 2 in Ringe schneiden • Knoblauch schälen und reiben • Eine große Pfanne bei mittlerer Temperatur erhitzen und etwas Olivenöl darin erwärmen • Dann alle Zwiebeln, Knoblauch und 1 Prise Salz hineingeben • Sorgfältig vermischen und etwa 10 Minuten dünsten, bis die Zwiebeln weich sind • Paprikapulver unterrühren und noch ein paar Sekunden dünsten, dann Brühe dazugießen und Zucker, Harissa, Tomatenmark und Essig untermischen • Die Temperatur herunterschalten und die Sauce mindestens 30 Minuten köcheln lassen, noch etwas Wasser hinzufügen, wenn sie zu dick wird

Püree zubereiten • Zwiebel schälen und würfeln, Knoblauch schälen und in dünne Scheiben schneiden • Eine große Pfanne bei mittlerer Temperatur erhitzen und etwas Olivenöl darin erwärmen • Dann Zwiebel, Knoblauch und 1 Prise Salz dazugeben und 10 Minuten dünsten, bis die Zwiebeln weich werden • Bohnen abgießen und mit dem Paprikapulver hinzufügen • Sorgfältig vermischen und 10 Minuten garen, bis die Bohnen zerfallen • Dann Butter, Sahne, Hefeflocken und Harissa dazugeben • Zitrone halbieren und den Saft dazupressen, dabei mit der freien Hand Kerne zurückhalten • Mit einem Stabmixer oder Kartoffelstampfer (oder im Standmixer) alles zu einem cremigen Püree zerkleinern

Paprika schmoren • Paprikaschoten halbieren, putzen und in dünne Streifen schneiden, Oliven halbieren • Eine große Pfanne bei mittlerer Temperatur erhitzen (die Sauce umfüllen und die Pfanne für die Paprika benutzen) und etwas Olivenöl hineingeben • Paprikastreifen und Oliven dazugeben und 10 Minuten schmoren, bis sie weich werden • Etwas Zitronensaft dazupressen, dabei Kerne mit der freien Hand zurückhalten

Würstchen braten • Würstchen gemäß der Packungsanweisung braten

Servieren • Das Püree auf Teller verteilen und die Würstchen darauflegen • Paprika daraufgeben und alles ordentlich mit Sauce begießen • Petersilie waschen, trocken schütteln, hacken und darüberstreuen, ebenso etwas frisch gemahlenen schwarzen Pfeffer

PHO KING

Nudelsuppen sind ein solcher Genuss, wir lieben sie einfach! Sie sind voller Köstlichkeiten und schmecken großartig. Man kann sie wunderbar schlürfen, sie sind sensationell sättigend und überraschend einfach zuzubereiten. In der Brühe steckt die ganze Liebe für dieses Gericht. Für die perfekte Brühe werden frischer Ingwer, Zimtstangen, Sternanis, Gewürznelken und Misopaste gekocht, die deine Küche mit köstlichen Düften erfüllen wird. Diese kleinen Schönheiten könnten die besten Pho-King-Nudeln sein, die du jemals probiert hast.

2 PORTIONEN

FÜR DIE BRÜHE

1 Stück frischer Ingwer
2 Zimtstangen
2 Sternanis
2 Gewürznelken
1 Zwiebel
3 Knoblauchzehen
etwas geröstetes Sesamöl (oder aromatisches Öl wie Rapsöl)
Meersalz
2 EL brauner Zucker
2 EL dunkle Misopaste
4 EL Tamari (fermentierte Sojasauce)
2 EL Gemüsebrühe (Pulver)
1 Limette

FÜR DIE PHO

400 g veganes Schweinefleisch (oder Rind)
2 EL geröstetes Sesamöl
1 EL Tamari (fermentierte Sojasauce)
1 EL hellbrauner Zucker
150 g dicke oder dünne Reisnudeln, je nach Vorliebe
150 g Sojasprossen

ZUM SERVIEREN

1 rote Chilischote
1 Limette
1 Bund Koriandergrün
1 Bund Minze
Sriracha-Sauce oder 1 Prise getrocknete Chiliflocken

Suppentopf • Großer Topf • Kleiner Topf für die Nudeln • Sieb

Brühe zubereiten • Ingwer schälen und zusammen mit Zimtstangen, Sternanis und Gewürznelken bei mittlerer Temperatur in einem Suppentopf erhitzen • Etwa 5 Minuten anrösten, bis sich die Aromen entfalten • Gewürze dann in einer Schale beiseitestellen • Zwiebel und Knoblauch schälen und würfeln • Topf wieder bei mittlerer bis niedriger Temperatur erwärmen und Öl hineingeben • Zwiebel, Knoblauch und 1 Prise Salz hinzufügen • Gut umrühren und 5–10 Minuten dünsten, bis die Zwiebel weich und glasig wird • Braunen Zucker, Miso, Tamari, Gemüsebrühe und 1 l kochendes Wasser hinzufügen • Limette halbieren und den Saft in den Topf pressen • Alles umrühren, sodass sich die Brühe auflöst • Ingwer, Zimtstangen, Sternanis und Gewürznelken dazugeben • Zum Kochen bringen, dann die Hitze herunterschalten und die Brühe auf sehr niedriger Stufe 30 Minuten köcheln lassen

Fleisch braten • Fleisch in dünne Streifen schneiden • In einer kleinen Schale Sesamöl mit Tamari glatt rühren • Fleischstreifen hineinlegen und darin marinieren • Einen großen Topf bei mittlerer Temperatur erhitzen • Fleischstreifen hineingeben und nach Packungsanweisung braten • Braunen Zucker hinzufügen, sorgfältig vermischen und das Fleisch ein paar Minuten karamellisieren lassen

Nudeln kochen • Nudeln gemäß der Packungsanweisung kochen

Servieren • Nach Bedarf etwa eine Tasse Wasser zur Brühe geben, falls sie zu würzig schmeckt • Chilischote in dünne Ringe, Limette in Stücke schneiden • Koriander und Minze waschen, trocken schütteln und die Blätter abzupfen • Die heiße Brühe durch ein Sieb gießen • Fleisch, Sprossen und Nudeln jeweils auf 2 tiefe Teller aufteilen und gleich viel Brühe darübergießen • Jede Portion mit 1 Handvoll Minze, Koriander, Chilistreifen garnieren und ein Limettenstück dazulegen • Für einen Schärfekick noch einen Spritzer Sriracha-Sauce oder 1 Prise getrocknete Chiliflocken daraufgeben

CHAR-SUI-SCHWEIN

Das hier hat ein wirklich interessantes Geschmacksprofil. Es hat eine gewisse Süße, aber ebenso eine ungewöhnliche Schärfe, die deinen Gaumen sicher erfreut. Der perfekt gekochte, einfache Basmatireis ergänzt die Komplexität des Schweinefleischs gut, und der Pak Choi sorgt für eine angenehme Frische. Dies ist ein schön abgerundetes Gericht, das du bestimmt lieben wirst.

4 PORTIONEN

FÜR DAS SCHWEINEFLEISCH

- 3 Knoblauchzehen
- 55 g weißer Zucker
- 2 TL Meersalz
- ½ TL chinesisches Fünf-Gewürze-Pulver
- 1 Prise weißer Pfeffer
- ½ TL geröstetes Sesamöl
- 1 EL Shaoxing-Reiswein
- 1 EL Hoisin-Sauce
- 1 EL helle Sojasauce
- 1 ½ EL Melasse oder dunkler Zuckerrübensirup
- 1 Spritzer vegane rote Speisefarbe (nach Belieben)
- 450 g veganes Schweinefleisch, in Stücke geschnitten

FÜR DEN REIS

- 300 g Basmatireis
- 1 TL feines Meersalz

FÜR DEN PAK CHOI

- 4 mittelgroße Pak Choi
- 2 Knoblauchzehen
- 2 EL geröstetes Sesamöl

ZUM FERTIGSTELLEN

- 4 Frühlingszwiebeln
- 1 EL Sesam

Feine Reibe • Backofen auf 180 °C vorheizen • Breiter, großer ofenfester Schmortopf mit Deckel • Großer Topf mit Deckel • Pfanne

Fleisch zubereiten • Knoblauch schälen, reiben und in eine Schüssel geben • Zucker, Salz, Fünf-Gewürze-Pulver, Pfeffer, Sesamöl, Shaoxing-Reiswein, Hoisin-Sauce, Sojasauce, Melasse, Lebensmittelfarbe und 1 EL heißes Wasser dazugeben und alles verrühren • Fleisch in die Schüssel legen und mit der Marinade vermischen • Den Schüsselinhalt in einen großen ofenfesten Schmortopf geben und bei mittlerer bis niedriger Temperatur unter ständigem Rühren 8–10 Minuten dünsten

Reis kochen • Reis in einem Sieb 1 Minute unter kaltem, fließendem Wasser waschen • In einen mittelgroßen Topf geben, 300 ml kaltes Wasser und Salz dazugeben • Topfdeckel auflegen und bei hoher Temperatur zum Kochen bringen • Wenn das Wasser zu kochen beginnt, die Temperatur auf niedrige Stufe herunterschalten und den Reis zugedeckt 12 Minuten kochen • Dann den Topf vom Herd nehmen und den Reis zugedeckt im Dampf fertig garen lassen • Vor dem Servieren den Deckel abnehmen und den Reis mit einer Gabel auflockern

Fleisch fertigstellen • Schmortopf in den Ofen schieben, damit die Feuchtigkeit verdampft

Pak Choi zubereiten • Wurzelenden vom Pak Choi entfernen • Grüne Blätter abschneiden und grob in Streifen hacken • Weiße Stiele in 2,5 cm große Stücke schneiden • Knoblauch schälen und reiben • Weiße Pak-Choi-Teile mit Sesamöl und etwas Salz 1 Minute in einer Pfanne dünsten • Geriebenen Knoblauch hinzufügen und 1 weitere Minute dünsten • Grüne Streifen und einen Schuss Wasser dazugeben, Pfanne vom Herd nehmen und die Blätter zusammenfallen lassen

Servieren • Frühlingszwiebeln putzen und in dünne Ringe schneiden • Reis, Pak Choi und Fleisch auf Teller verteilen, mit Frühlingszwiebeln und Sesamsamen bestreuen und sofort servieren

SCHWEINEBAUCH MIT SCHWARTE, KARAMELLISIERTEM ZWIEBEL-KARTOFFELPÜREE UND APFELSAUCE

Wenn du ein Gericht suchst, das zwar etwas Aufwand erfordert, aber dafür einen echten Wow-Faktor hat, könnte dies das richtige für dich sein! Es sieht fabelhaft aus, schmeckt fantastisch, und wir glauben, dass es eins deiner Lieblingsgerichte wird, wenn du es einmal ausprobiert hast.

2 PORTIONEN

FÜR DEN SCHWEINEBAUCH

80 g Weizengluten
20 g Erbsenprotein
½ TL Meersalz
1 Prise schwarzer Pfeffer
2 g Knoblauchpulver
3 g geräuchertes Paprikapulver
5 g Rote-Bete-Pulver
6 g flüssiges Raucharoma
6 g Ahornsirup
30 g helle Misopaste

FÜR DAS SCHWEINEFETT

120 ml Kokosmilch
4 EL Tapiokastärke
3 EL Reismehl
½ TL Salz
Olivenöl
Meersalzflocken

FÜR DIE SCHWARTE

1 Tofublatt / Sojabohnenblatt (10 g)
1 EL helle Sojasauce
½ TL Knoblauchpulver
½ TL geräuchertes Paprikapulver
1 Prise Zucker
½ TL Meersalz
1 Prise schwarzer Pfeffer
1 EL Pflanzenöl

FÜR DAS ZWIEBEL-KARTOFFELPÜREE

4 Zwiebeln
2 Knoblauchzehen
800 g Kartoffeln
4 EL Pflanzenöl
Meersalz und schwarzer Pfeffer
1 Prise brauner Zucker
4 EL vegane Butter, plus mehr zum Abschmecken
90 ml Haferdrink

Backofen auf 60 °C vorheizen • Kleine Metallschale • Mittelgroße Metallschale • Teigrolle • 2 kleine Töpfe • Mittelgroßer Topf • Dampfkörbchen oder Sieb • Alufolie • Tiefes Backblech • Pfanne • Großer Topf • Stabmixer, Kartoffelpresse oder -stampfer

Schweinebauch zubereiten • Eine kleine Metallschale mit Wasser unten in den Backofen stellen • Alle trockenen Zutaten in einer separaten Metallschüssel vermischen • 110 ml Wasser und die feuchten Zutaten dazugießen. Alles zu einem groben Teig vermengen, mit diesem Reste vom Rand der Schüssel abkratzen • Teig mit Frischhaltefolie abdecken, dann die Schüssel in Frischhaltefolie wickeln • Für 1 Stunde in den Ofen stellen, damit der Teig quellen kann – so lässt er sich später leichter ausrollen • Die Folie von der Schüssel entfernen, den Teig auswickeln und zu einem langen Streifen ausrollen, dabei mehrmals wenden, damit sich das Gluten entfalten kann • Anschließend den Teig in 12 cm breite Abschnitte unterteilen und diese aufeinanderlegen, sodass mehrere Schichten entstehen • Fest in Frischhaltefolie wickeln

Schweinefett zubereiten • Kokosmilch, Tapiokastärke, Reismehl und Salz in einem kleinen Topf bei niedriger Temperatur erwärmen • Unter Rühren 3–4 Minuten zu einer dicklichen Paste einkochen • Vom Herd nehmen (die Mischung dickt noch weiter ein, während der Schweinebauch gebacken wird)

Schweinebauch backen • Etwas Wasser in einem mittelgroßen Topf erhitzen und ein Dampfkörbchen oder Sieb daraufsetzen • Schweinebauch (noch in Frischhaltefolie) 1 ½ Stunden darin dämpfen • Vorsichtig aus der Folie wickeln und ein paar Minuten abkühlen lassen • Backofen auf 180 °C vorheizen • Den abgekühlten Schweinebauch halbieren, beide Hälften seitlich hinlegen und erneut halbieren, sodass 4 dünne Stücke entstehen • Die Schweinebauchstücke auf einem 15 cm großen Stück Alufolie zusammensetzen, eine Schicht Schweinefett darauflegen und mit der Folie die Kanten schön formen, die nächste Schicht Schweinebauch und zum Schluss die letzte Fettschicht darauflegen, diese mit etwas Olivenöl beträufeln und mit Meersalzflocken bestreuen • Auf einem tiefen Backblech mit geöffneter Folie 20–25 Minuten backen, bis der Schweinebauch fest und auf der Oberseite knusprig ist

Schwarte zubereiten • Tofu- oder Sojabohnenblatt in Quadrate brechen, die etwas größer als die Schweinebauchstücke sind • Restliche Zutaten (außer dem Öl) in einer Schale verquirlen und die Quadrate hineingeben • Öl in einer Pfanne bei mittlerer bis hoher Temperatur erhitzen und die Quadrate 3–4 Minuten goldbraun braten • Herausnehmen und auf Küchenpapier abtropfen lassen – währenddessen werden sie noch knuspriger

Püree zubereiten • Zwiebeln schälen und in dünne Ringe schneiden, Knoblauch schälen und in dünne Scheiben schneiden, Kartoffeln schälen und in Stücke schneiden • Pflanzenöl in der zuvor verwendeten Pfanne bei niedriger Temperatur erhitzen und die Zwiebeln sowie 1 Prise Salz hineingeben • Etwa 25 Minuten dünsten, dabei regelmäßig rühren, damit sie braun werden, aber nicht anbrennen • Knoblauch hinzufügen und weitere 2 Minuten dünsten, dann vom Herd nehmen • Mit etwas Zucker abschmecken • Währenddessen Wasser in einem großen Topf zum Kochen bringen, 1 Prise Salz und die Kartoffelstücke hineingeben • Deckel auflegen und 16–18 Minuten gar kochen lassen • Wasser abgießen und Kartoffeln in ein Sieb geben, damit sie ausdampfen • Karamellisierte Zwiebeln und Knoblauch mit Butter und Drink in einem Standmixer oder mit einem Stabmixer pürieren – oder nach Belieben auch stückig lassen • Kartoffeln und Zwiebelpüree zu einem glatten Püree vermischen – mit einem Stabmixer oder einer Kartoffelpresse • Mit weiterer Butter cremig rühren und mit Salz und Pfeffer würzen

FÜR DIE APFELSAUCE
5 EL Apfelmus
1 TL Hefeextrakt
1 TL Speisestärke
150 ml Gemüsebrühe

Apfelsauce zubereiten • Apfelmus, Hefeextrakt und Speisestärke in einem kleinen Topf bei niedriger Temperatur unter Rühren dicklich einkochen • Nach und nach Gemüsebrühe dazugießen, bis die richtige Konsistenz erreicht ist • Durch ein Sieb passieren oder glatt pürieren

FÜR DEN GRÜNKOHL
300 g Grünkohl
1 EL vegane Butter
Meersalz

Grünkohl zubereiten • Grünkohl putzen, gründlich waschen und etwas kleiner zupfen • Butter in einem Topf bei hoher Temperatur erhitzen • Grünkohl und einen Schuss Wasser dazugeben, salzen und garen, bis der Kohl zusammenfallt, aber noch schön grün bleibt

Servieren • Püree mittig auf einen Teller geben und zu einem unregelmäßigen Rechteck formen • Grünkohl daraufgeben • Schweinebauch vorsichtig darauflegen und mit Schwartestücken abschließen • Apfelsauce um das Püree gießen oder separat servieren

GYOZA MIT SCHWEINEFLEISCHFÜLLUNG UND WÜRZIGEM DIP

Jedes Mal, wenn wir vegane Gyoza auf der Speisekarte eines Restaurants sehen, bestellen wir sie. Wir finden sie köstlich, und das wird dir auch so gehen, wenn du dieses Rezept nachkochst. Anfangs kann die Zubereitung etwas fummelig sein, aber wenn du den Dreh raus hast, kannst du sie problemlos formen. (Jetzt ist der Zeitpunkt gekommen, dir Essstäbchen zu besorgen, wenn du noch keine hast.)

ERGIBT 32* (4 PORTIONEN ALS HAUPTSPEISE, 8 ALS BEILAGE)

FÜR DIE GYOZA
225 g Chinakohl oder Spitzkohl
Meersalzflocken
2 Frühlingszwiebeln, plus etwas mehr zum Servieren
1 Schalotte
2 Knoblauchzehen
2 cm frischer Ingwer
225 g veganes Schweinehack
Zucker
weißer Pfeffer
1 Packung küchenfertiger Gyoza-Teig (32 Blätter)
1 EL Sonnenblumenöl

FÜR DEN DIP
120 ml Reisessig
60 ml helle Sojasauce
1 EL Chiliöl
¼ Orange

Feine Reibe • Standmixer (optional) • Speisepinsel • Breite, tiefe Pfanne mit Deckel

Gyoza-Zutaten vorbereiten • Kohl waschen und in feine Streifen schneiden • In eine große Schüssel geben und mit Meersalzflocken bestreuen • 15 Minuten ziehen lassen, dann in ein sauberes Tuch geben und die überschüssige Flüssigkeit ausdrücken • Frühlingszwiebeln putzen und in feine Ringe schneiden • Schalotte und Knoblauch schälen und fein würfeln • Ingwer schälen und reiben

Füllung zubereiten • In einer großen Schüssel Hackfleisch, Kohl, zwei Drittel der Frühlingszwiebeln, Schalotte, Knoblauch, Ingwer, 1 TL Zucker und je 1 Prise Salz und weißen Pfeffer vermischen • Die Masse von Hand durchkneten • Wenn es schneller gehen soll, den Kohl im Mixer hacken, dann Hack, Frühlingszwiebeln, Schalotte, Knoblauch, Ingwer und Zucker sowie Pfeffer und Salz hinzufügen • Per Pulse-Funktion alles zerkleinern und mischen • Auf diese Weise werden die Zutaten feiner gehackt • In eine große Schüssel füllen

Gyoza formen • Kaltes Wasser in eine kleine Schale gießen • Ein Blatt Gyoza-Teig auf ein Brett legen; die Teigränder mit einem Pinsel mit Wasser bestreichen • Teig in die Handfläche nehmen, 2 TL Füllung daraufgeben, dann den Teig mit beiden Händen zusammenfalten und an den Rändern eindrücken • Mit den restlichen Zutaten wiederholen und 32 Gyoza-Taschen formen • Nach Belieben einige davon jetzt einfrieren

Gyoza garen • Sonnenblumenöl in einer großen, breiten Pfanne bei mittlerer Temperatur erhitzen • Die Teigtaschen mit der Unterseite nach unten hineinlegen und etwa 2 Minuten braten, bis sie knusprig und goldbraun sind (8–10 Gyoza gleichzeitig braten) • Nach 2 Minuten 100–120 ml Wasser in die Pfanne geben • Den Deckel auflegen und die Gyoza 3 Minuten garen, dann den Deckel abnehmen und noch ein paar Minuten fortfahren, damit sie wieder knusprig werden • Den Vorgang mit den restlichen Teigtaschen wiederholen, falls nötig, noch Öl hinzufügen; die fertigen Gyoza warm halten

Den Dip zubereiten • Reisessig, Sojasauce und Chiliöl in eine Schale geben und verrühren • Orange auspressen und alles mit etwas Orangensaft abschmecken

Servieren • Teigtaschen auf einem großen Teller anrichten, mit restlichen Frühlingszwiebeln bestreuen und den Dip dazu reichen

HINWEIS

Gefrorene Gyoza wie oben beschrieben garen, aber 150 ml Wasser verwenden und 1 Minute länger garen, bevor der Deckel abgenommen wird.

WEEPING TIGER JAY

Ein Restaurant in London, das wir sehr regelmäßig besuchen, ist das Busaba. Es hat einige Filialen in der Stadt und ist auf Thai Food spezialisiert. Die Speisekarte ist wirklich gut, aber ein Gericht, das wir immer wieder dort bestellen, ist Weeping Tiger Jay. Es ist gehaltvoll und aromatisch, hat eine fantastische Textur und passt wunderbar zu Reis. Wir lieben es so sehr, dass wir beschlossen haben, unsere eigene Version für dich zu kochen, falls du nicht in der Nähe eines Busaba wohnst.

2 PORTIONEN

FÜR DAS SCHWEINEFLEISCH

3 EL Pflanzenöl
2 EL dunkle Sojasauce
1 ½ EL hellbrauner Zucker
2 EL vegane Fischsauce
schwarzer Pfeffer
280 g veganes Schweinefleisch, in Stücke geschnitten
2 EL Speisestärke

FÜR DEN REIS

150 g thailändischer Jasminreis
1 Beutel Jasmintee
1 Sternanis
feines Meersalz

FÜR DIE SAUCE

1 EL Speisestärke
1 rote Chilischote
5–6 große Thai-Basilikumblätter
2 EL vegane Fischsauce
3 EL dunkle Sojasauce oder Tamari (fermentierte Sojasauce)
2 EL hellbrauner Zucker
½ TL Knoblauchpulver
½ TL Ingwerpulver
½ TL chinesisches Fünf-Gewürze-Pulver

ZUM GARNIEREN

1 rote Chilischote
1 Frühlingszwiebel
1 Handvoll frischer Koriander oder Thai-Basilikumblätter

FÜR DAS KOHLGEMÜSE

150 g Blatt- oder Spitzkohl
150 g Shiitake
1 Knoblauchzehe
1 rote Chilischote
1 EL Pflanzenöl
1 EL helle Sojasauce

1 mittelgroßer Topf • 1 kleiner Topf • 2 Pfannen

Fleisch marinieren • 1 EL Öl in einer Schale mit Sojasauce, braunem Zucker, Fischsauce und 1 Prise Pfeffer vermengen • Fleischstücke hineinlegen und mit der Marinade bedecken • Beiseitestellen

Reis kochen • Reis in einem Sieb unter kaltem, fließendem Wasser 1 Minute waschen • In einen mittelgroßen Topf geben und mit 300 ml kaltem Wasser bedecken • Teebeutel, Sternanis und 1 TL Salz hinzufügen und zum Kochen bringen • Dann die Temperatur herunterschalten, den Deckel auflegen und 12 Minuten leise köcheln lassen, bis der Reis das Wasser aufgesaugt hat • Den Topf vom Herd nehmen und den Reis zugedeckt darin ruhen lassen

Sauce zubereiten • In einer Schale Speisestärke in 2 EL Wasser anrühren • Chilischote entkernen und in Streifen schneiden • Thai-Basilikumblätter waschen, trocken schütteln und in lange Streifen schneiden • Fischsauce, Sojasauce, braunen Zucker, Knoblauchpulver, Ingwerpulver und Fünf-Gewürze-Pulver in einem kleinen Topf bei mittlerer Temperatur zum Köcheln bringen • Dann Chili und Thai-Basilikum hinzufügen und 1 Minute unter Rühren weiterköcheln, dann die angerührte Speisestärke einrühren • Die Temperatur herunterschalten und 5–6 Minuten leicht köcheln lassen

Garnierung vorbereiten • Chili putzen und in dünne Ringe schneiden, Frühlingszwiebel schräg in Ringe schneiden • Koriander waschen, trocken schütteln, die Blätter abzupfen und fein hacken, Thai-Basilikumblätter abzupfen, aber erst einmal nicht zerkleinern

Kohl-Gemüse vorbereiten • Kohlblätter von den Stielen befreien und in dicke Streifen schneiden • Shiitake in Streifen schneiden • Knoblauch schälen und quer in feine Scheiben schneiden • Chili würfeln • Öl in einer Pfanne bei mittlerer Temperatur erhitzen • Pilze darin 2–3 Minuten braten • Knoblauch und Chili hinzufügen und noch etwa 2 Minuten fortfahren, bis sie ihr Aroma entfalten • Kohl und Sojasauce dazugeben und 1–2 Minuten zusammenfallen lassen

Fleisch fertigstellen • Marinierte Fleischstücke in eine Schüssel geben und die restliche Marinade in den Topf mit der Sauce geben • Fleisch mit Speisestärke bestäuben und vermischen • 2 EL Öl in einer Pfanne oder einem Wok bei mittlerer Temperatur erhitzen • Fleisch hineingeben und 3–4 Minuten knusprig braten • Dann die Sauce dazugießen und mit dem Fleisch vermischen

Servieren • Reis auflockern und mit dem Weeping Tiger Jay und gebratenem Kohl in Servierschalen oder -teller füllen • Mit Chili, Frühlingszwiebel und Koriander garnieren, dann reinhauen!

CHORIZO-RISOTTO

Viele rümpfen über Risotto die Nase, weil sie es für fade und eindimensional halten. Wir finden das schade, weil Risotto köstlich ist, wenn man es gut zubereitet. Wir haben eine ganze Weile an diesem Rezept herumprobiert und es so oft verändert, bis wir es richtig hinbekommen haben. Wir kochen rote Zwiebeln und Kirschtomaten und geben vegane Chorizo-Stücke dazu, die mit Paprika und Fenchelsamen gewürzt sind. Den Abschluss bildet eine Schicht aus weichem Reis und veganer Sahne, die für das ultimative Geschmackserlebnis sorgt.

4 PORTIONEN

FÜR DAS RISOTTO

2 rote Zwiebeln
3 Knoblauchzehen
etwas Olivenöl
Meersalz und schwarzer Pfeffer
4 vegane Chorizo-Würstchen (ca. á 215 g)
300 g Kirschtomaten
1 TL geräuchertes Paprikapulver
1 TL getrockneter Rosmarin
1 TL Fenchelsamen
1 TL getrockneter Thymian
2 EL Gemüsebrühe (Pulver) oder Brühwürfel
300 g Risottoreis
200 ml vegane Sahne
2 EL Hefeflocken
½ Zitrone

ZUM SERVIEREN

250 g gemischte Salatblätter
Balsamico-Creme
Olivenöl
1 Handvoll frische Basilikumblätter
schwarzer Pfeffer

Gusseiserner Topf • Hitzebeständiger Rührbecher

Risotto-Grundlage zubereiten • Zwiebeln und Knoblauchzehen schälen und würfeln • Einen gusseisernen Topf bei mittlerer Temperatur erhitzen und etwas Olivenöl hineingeben • Zwiebel, Knoblauch und 1 Prise Salz hinzufügen, sorgfältig vermischen und 5–10 Minuten dünsten, bis die Zwiebel weich wird

Würstchen braten • Chorizo in kleine Stücke schneiden (falls nötig, dabei die Pelle entfernen) und in den Topf geben • Gründlich vermischen und gemäß Packungsanweisung braten (meist 10–15 Minuten)

Tomaten zubereiten • Kirschtomaten waschen, halbieren und mit Paprikapulver, getrocknetem Rosmarin, Fenchelsamen und getrocknetem Thymian in den Topf geben • 5 Minuten schmoren, bis die Tomaten zerfallen und weich werden • Etwa ein Drittel der Tomaten-Chorizo-Mischung herausnehmen und für das Topping in einer Schale beiseitestellen

Risotto kochen • Gemüsebrühe in 1 l kochendem Wasser in einem hitzebeständigen Rührbecher anrühren • Reis in den Topf geben und unter Rühren 1 Minute dünsten • Ein Drittel der Brühe einrühren • 10 Minuten unter ständigem Rühren kochen, dann ein weiteres Drittel dazugießen • Wieder 10 Minuten unter Rühren kochen und die restliche Brühe hinzufügen und noch 10 Minuten kochen, bis der Reis weich ist und die Flüssigkeit nach und nach aufgenommen hat • Dann die Sahne und Hefeflocken untermischen • Zitronensaft dazupressen • Noch ein paar Minuten kochen, bis der Reis Sahne und Zitronensaft aufgenommen hat • Mit Salz und Pfeffer abschmecken

Salat zubereiten • Gemischte Salatblätter waschen, trocken schleudern und mit etwas Balsamico-Creme und Olivenöl mischen

Servieren • Risotto in Schalen füllen und mit einem Löffel Tomaten-Chorizo-Mischung, frischen Basilikumblättern und Pfeffer garnieren • Salat in einer großen Schüssel auf den Tisch stellen. Guten Appetit!

SARAHS SAFTIGE WÜRSTCHEN-NUDELN

Dieses Gericht erfüllt alle Kriterien. Es ist fleischig, saftig, schmackhaft und braucht nicht lange, bis es fertig ist. Wir haben schon viele Pastagerichte gekocht, aber dieses gehört zu unseren besten. Es ist sogar das Lieblings-Nudelgericht von Ians Freundin Sarah! Für die Sauce werden rote Zwiebeln superweich gedünstet und dann mit Wurstfleisch, sonnengetrockneten Tomaten und Fenchelsamen vermischt. Dann rühren wir vegane Sahne und Tomaten-Pesto unter, damit die Sauce die Nudeln perfekt umgibt. Probier es aus, wir wetten, du wirst sie lieben!

4 PORTIONEN

FÜR DIE NUDELN

2 rote Zwiebeln
6 vegane Cumberland-Würstchen (grobe Schweinsbratwurst)
6 sonnengetrocknete Tomaten plus 1 EL des Öls (Glas; in Öl)
1 EL Fenchelsamen
1 TL schwarze Pfefferkörner
1 Gemüsebrühwürfel
2 EL Olivenöl
Meersalz
4 EL Tomaten-Pesto
450 g Nudeln nach Wahl (wir nehmen Rigatoni)
1 EL Hefeflocken, plus etwas mehr zum Bestreuen
1 TL getrocknete Chiliflocken
100 g vegane Sahne

ZUM SERVIEREN

1 Handvoll Basilikumblätter
schwarzer Pfeffer

Mörser und Stößel • Großer, tiefer Topf • Großer Topf • Wasserkocher

Zutaten vorbereiten • Rote Zwiebeln schälen und würfeln • Würstchen aufschneiden und die Pelle ablösen • Getrocknete Tomaten in dünne Scheiben schneiden • Fenchelsamen und Pfefferkörner im Mörser zu Pulver zerstoßen

Sauce zubereiten • Brühwürfel in 400 ml kochendem Wasser auflösen • Einen großen, tiefen Topf bei mittlerer bis hoher Temperatur erhitzen, Olivenöl und Öl der getrockneten Tomaten hineingeben • Erhitzen und Zwiebeln und 1 Prise Salz hinzufügen • Sorgfältig vermischen und 5–10 Minuten dünsten, bis die Zwiebeln weich werden • Dann das Wurstfleisch dazukrümeln und 4 Minuten unter Rühren braten • Pfeffer-Fenchel-Pulver hinzufügen und 1 Minute mitbraten • Getrocknete Tomaten dazugeben und ein paar Minuten unter Rühren braten • Nun das Tomaten-Pesto und die heiße Brühe einrühren, alles aufkochen lassen, dann die Temperatur herunterschalten und 10 Minuten leicht köcheln lassen, bis die Flüssigkeit verdampft ist

Währenddessen die Nudeln kochen • Salzwasser in einem großen Topf zum Kochen bringen, die Nudeln hineingeben und nach Packungsanweisung kochen

Fertigstellen • Hefeflocken, Chiliflocken und Sahne unter die Sauce rühren • Basilikum waschen, trocken schütteln, die Blätter abzupfen und fein hacken • Wenn die Nudeln gar sind, eine Kelle Nudelwasser in die Sauce rühren und den Herd ausschalten • Nudeln in einem Sieb abtropfen lassen und zur Sauce geben

Servieren • Die Hälfte des Basilikums über die Nudeln streuen und diese sorgfältig mit der Sauce vermischen • Dann auf Servierteller geben, mit Hefeflocken und Pfeffer würzen, mit den restlichen Basilikumblättern bestreuen und gleich servieren

RACK 'O' RIBS

Diese Rippchen sind so fleischig, wie Gemüse nur sein kann; allein ein Bissen von diesen Bad Boys ist wirklich erstaunlich. Vor ein paar Jahren hat uns Derek Sarno die Braunen Kräuterseitlinge gezeigt und seitdem haben wir sie in Dutzenden Rezepten verwendet. Pilze sind unsere absoluten Favoriten, und wenn dir das auch so geht, solltest du diese hier probieren. Sie werden klein geschnitten und auf Spieße gesteckt, und erhalten dadurch ein so realistisches fleischiges Aussehen. Das Ganze wird dann mit einer reichhaltigen BBQ-Sauce übergossen und gegart, sodass ein ultimativer Hingucker entsteht – sie sind wirklich umwerfend. Serviere sie mit Krautsalat, wenn du Lust auf eine frische Beilage hast. (Und mit Pommes natürlich.)

8 PORTIONEN

FÜR DIE RIPPCHEN
16 Braune Kräuterseitlinge

FÜR DIE MARINADE
3 EL Grillgewürz
6 EL Olivenöl
1 EL Tamari (fermentierte Sojasauce)
1 EL Tahin
2 TL flüssiges Raucharoma

FÜR DIE SAUCE
200 g vegane BBQ-Sauce guter Qualität
1 EL Ahornsirup
1 EL Tahin
1 TL dunkle Misopaste
1 EL Tamari (fermentierte Sojasauce)
1 EL Apfelessig
½ EL getrocknete Chiliflocken
Meersalz und schwarzer Pfeffer

FÜR DEN DIP
100 g vegane BBQ-Sauce guter Qualität
1 EL Tamari (fermentierte Sojasauce)
1 EL Sriracha-Sauce
1 EL Apfelessig
Meersalz und schwarzer Pfeffer

Backofen auf 200 °C vorheizen • 8 Bambusspieße • Backblech mit Alufolie auslegen • 2 extralange Grillspieße aus Metall • Speisepinsel

Pilze vorbereiten • Köpfe der Kräuterseitlinge abschneiden und anderweitig verwenden • Dickere Stiele durchschneiden, sodass alle gleich groß sind

Pilze marinieren • Alle Zutaten für die Marinade in einer großen Schale vermischen • Pilzstiele hineinlegen und damit bedecken

Pilze auf die Spieße stecken • Einen Pilzstiel längs auf einen Bambusspieß stecken • Bis zur Hälfte herunterschieben und einen weiteren Pilz längs daraufstecken • So weit herunterschieben, dass die beiden in der Mitte aufeinanderstoßen • Den Vorgang wiederholen, bis alle 8 Spieße gefüllt sind • Die Spieße dicht nebeneinander so auf das mit Alufolie belegte Backblech legen, dass sie eine Reihe vom längsten bis zum kürzesten bilden • Einen langen Metallspieß in den oberen linken Pilz stechen • Den Spieß nach unten durch die ganze Reihe schieben, sodass er die Pilze wie eine „Rippe" verbindet – so werden sie fixiert • Mit dem anderen Metallspieß auf der rechten Seite wiederholen

Pilze backen • Das Blech mit den Pilzen für 20 Minuten in den Ofen schieben und die Pilze backen, bis sie weich sind

Währenddessen die Sauce zubereiten • Alle Zutaten dafür in eine große Schüssel geben, mit Salz und Pfeffer würzen und glatt rühren

Pilze mit Sauce bestreichen • Nach 20 Minuten die Pilze aus dem Ofen nehmen und auf eine hitzefeste Oberfläche legen – wenn auf dem Boden des Blechs etwas Marinade angebrannt ist, die Alufolie austauschen • Pilz-„Rippchen" mit Sauce bestreichen, auch zwischen den Stielen • Noch einmal für 20 Minuten in den Ofen schieben

Dip zubereiten • Alle Zutaten in eine kleine Schale geben, mit Salz und Pfeffer würzen und glatt rühren • In eine kleine Servierschale füllen

Servieren • Rippchen aus dem Ofen nehmen und mit dem Dip servieren

CHIPPY'S HOTTEST DOG

Chippy ist Henrys und EmJs Hündin. Sie ist ein kleiner süßer weißer Schnoodle und würde wahrscheinlich einen köstlichen Hotdog mit herrlichem Chili machen, wenn sie kochen könnte. Lass dich nicht von dem Wort „hottest" abschrecken: Diese kleinen Schönheiten sind perfekt mit einer Kombination aus Harissa und getrockneten Chiliflocken gewürzt, die mit dem Linsen-Chili vermischt werden – wir geben dann noch eine letzte Prise Chiliflocken darüber, aber das hängt davon ab, wie mutig du bist. Und noch etwas zum Nachdenken: Wann ist ein Hotdog kein Wurst-Sandwich mehr und wann ist ein Wurst-Sandwich ein Hotdog? Antworten per Postkarte ... Wau!

6 PORTIONEN

FÜR DAS SCHARFE CHILI
1 rote Zwiebel
3 Knoblauchzehen
etwas Olivenöl
Meersalz
800 g grüne Linsen (Dose)
1 Gemüsebrühwürfel
1 TL geräuchertes Paprikapulver
1 TL getrocknete Chiliflocken (oder mehr, wenn du es besonders scharf magst)
2 EL Rosen-Harissa-Paste
1 EL Tomatenmark
400 g gehackte Tomaten (Dose)
2 EL Mandelmus
2 EL Aceto balsamico
1 TL brauner Zucker

FÜR DIE HOTDOGS
6 Hotdog-Brötchen
6 vegane Hotdog-Würstchen

ZUM SERVIEREN
vegane Butter zum Bestreichen
Sriracha-Mayo zum Abschmecken
1 Handvoll geriebener veganer Käse
3 EL Röstzwiebeln
kleines Glas grüne Jalapeño-Ringe
schwarzer Pfeffer (oder mehr Chiliflocken, wenn du es besonders scharf magst)

Großer Topf

Chili zubereiten • Zwiebel und Knoblauch schälen und würfeln • Einen großen Topf bei mittlerer Temperatur erhitzen und etwas Olivenöl hineingeben • Erwärmen, dann Zwiebel, Knoblauch und 1 Prise Salz hinzufügen • Gut vermischen und 5–10 Minuten dünsten, bis die Zwiebel weich ist • Währenddessen Linsen abgießen • Brühwürfel in 200 ml kochendem Wasser auflösen • Wenn Zwiebel und Knoblauch weich sind, Paprikapulver untermischen und ein paar Sekunden weiterdünsten, dann Chiliflocken, Harissa-Paste, Tomatenmark, Linsen, Dosentomaten, Mandelbutter, Aceto balsamico, Zucker und Brühe hinzufügen • Gründlich vermischen, die Temperatur herunterschalten und 25–30 Minuten leise köcheln lassen – wenn die Mischung zu dick wird, etwas Wasser dazugießen

Würstchen kochen • Hotdog-Würstchen entsprechend der Packungsanweisung zubereiten und warm halten

Hotdogs zusammensetzen • Das Chili abschmecken • Hotdog-Brötchen toasten und mit Butter bestreichen (wenn du Grillstreifen haben möchtest, dafür eine Grillpfanne verwenden), dann auf eine Servierplatte legen und auseinanderziehen • Jeweils ein Würstchen hineinlegen und einen großen Löffel Chili daraufgeben

Servieren • Sriracha-Mayo zickzackförmig auf die Hotdogs spritzen • Mit geriebenem Käse, Röstzwiebeln, Jalapeño-Ringen und Pfeffer bestreuen, dann servieren

BLÄTTERTEIGTASCHEN MIT WURSTFÜLLUNG

Würstchen im Schlafrock sind gut, aber Blätterteigtaschen mit Wurstfüllung sind besser. Fleischige Wurst, Kräuterfüllung und süße Cranberry-Sauce in knusprigem Blätterteig. Deine weihnachtlichen Party-Snacks wurden gerade aufgewertet. Diese kleinen Kerlchen lassen sich in der hektischen Weihnachtszeit ganz einfach zubereiten – du brauchst nur eine Handvoll Zutaten, ein Backblech und ein wenig Zeit, schon ist der perfekt knusprige Snack fertig.

ERGIBT 12 STÜCK

FÜR DIE WÜRSTCHEN-FÜLLUNG

6 vegane Würstchen (etwa 270 g)
50 g vegane Butter
1 TL Olivenöl
1 große Zwiebel
3 Salbeiblätter
100 g Semmelbrösel
Meersalz und schwarzer Pfeffer
2 TL Dijon-Senf

FÜR DIE BLÄTTERTEIGTASCHEN

2 küchenfertige Rollen veganer Blätterteig (je 320 g)
200 g veganer Käse am Stück
250 g Cranberry-Sauce guter Qualität

FÜR DAS TOPPING

4 EL Haferdrink
½ TL englisches Senfpulver
schwarze Sesamsamen, zum Bestreuen

Mittelgroße Schale • Kleine Schale • 2 Backbleche, mit Backpapier ausgelegt • Speisepinsel • Kleiner Topf

Würstchen und Füllung vorbereiten • Mit einem Messer die Würstchen halbieren und aus der Pelle lösen • Das Fleisch in eine mittelgroße Schüssel geben und mit einer Gabel zerkleinern • Butter und Olivenöl in einer Pfanne bei mittlerer Hitze erhitzen • Zwiebel schälen und fein hacken, Salbei waschen, trocken schütteln und ebenfalls fein hacken • Zwiebeln in die Pfanne geben und braten, bis sie weich und glasig sind • Salbei und Semmelbrösel hinzufügen, mit Salz und Pfeffer würzen • Füllung in eine große Schüssel geben • Das zerkleinerte Wurstfleisch und den Senf dazugeben • Vermengen und zum Abkühlen zur Seite stellen

Teig und Käse zubereiten • Einen Blätterteig auf einem Brett ausrollen, dabei auf dem Backpapier lassen • Mit einem Messer in 6 gleich große Quadrate schneiden – dafür den Teig einmal quer und dann zweimal längs durchschneiden • Dasselbe mit dem anderen Teig wiederholen • Käse in 12 kleine, gleich große Quadrate schneiden • Backofen auf 200 °C vorheizen

Taschen anfertigen • Jeweils ein Stück Käse mittig auf die Teigquadrate legen, dabei diagonal positionieren, sodass die Ecken der Quadrate in die andere Richtung als die Teigecken zeigen • Jeweils 1 TL Cranberry-Sauce auf den Käse geben • Etwa 70 g der Wurstmischung auf die Sauce geben • Von Hand etwas flach drücken • Mit den anderen Quadraten ebenso verfahren • Die Ecken der Teigquadrate in der Mitte über der Füllung zusammenführen und festdrücken • So fortfahren, bis 12 Teigtaschen vorliegen • Diese anschließend auf zwei mit Backpapier ausgelegten Backblechen verteilen

Teigtaschen backen • Haferdrink und Senfpulver in einer kleinen Schale verrühren • Teigtaschen damit bestreichen • Mit schwarzen Sesamsamen bestreuen • 25–30 Minuten im Ofen backen, bis sie goldgelb und knusprig sind, nach der Hälfte der Zeit die Bleche drehen

Servieren • Warm, aber nicht direkt aus dem Ofen kommend servieren!

LAMM

HARISSA-LAMM MIT COUSCOUS-FETA-SALAT

Wenn es um herzhaftes Essen geht, sind manche Salate einfach nicht das Richtige: Sie mögen zwar köstlich schmecken, aber als Abendessen eignen sie sich nicht, weil sie nicht satt machen – dann brauchst du noch ein paar Kekse oder ein Stück Kuchen, bevor du ins Bett gehst, damit du kein Magenknurren bekommst. Dieser Salat ist jedoch anders. Er wird dich satt machen. Du kannst und solltest ihn als Abendessen genießen. Zerkleinerte, mit einer Harissa-Dattelcreme gewürzte und gebratene Jackfruit wird mit einem Couscous-Salat serviert, der mit knusprig gerösteten Mandeln, frischen Kräutern und Minze-Joghurt verfeinert ist.

4 PORTIONEN

FÜR DAS LAMM

150 g entsteinte Datteln
100 g vegane Butter
Olivenöl
2 EL Mint Jelly (englisches Minzgelee)
1 EL Ras el Hanout
2 TL Rosen-Harissa-Paste
2 Knoblauchzehen
Meersalz und schwarzer Pfeffer
800 g Jackfruit in Salzlake (Dose)
500 g Austernpilze

FÜR DEN COUSCOUS-SALAT

1 Gemüsebrühwürfel
Olivenöl
200 g Perl-Couscous
100 g geröstete Mandelkerne
5 Frühlingszwiebeln
15 g glatte Petersilie
15 g Koriandergrün
15 g Minze
100 g Granatapfelkerne
1 Zitrone
100 g veganer Feta
Meersalz und schwarzer Pfeffer

FÜR DEN MINZE-JOGHURT

ein paar frische Minzeblätter
150 g veganer Joghurt
2 EL Mint Jelly (englisches Minzgelee)
1 Prise Salz
1 Zitrone

Backofen auf 180 °C vorheizen • Leistungsstarker Standmixer • Saftpfanne • Großer Topf

Lamm zubereiten • Wenn die Datteln hart sind, diese in eine hitzebeständige Schale legen, mit kochendem Wasser bedecken und 5 Minuten einweichen • Dann das Wasser abgießen und die Datteln in einen Standmixer geben • Butter, etwas Olivenöl, Mint Jelly, Ras el Hanout, Harissa, geschälte Knoblauchzehen und 1 Prise Salz hinzufügen • Alles zu einer glatten Paste pürieren • Jackfruit abgießen und in die Saftpfanne geben • Austernpilze putzen, von Hand zerreißen und hinzufügen • Beides gründlich mit der Paste vermengen • 30 Minuten im Ofen backen, bis die Jackfruit schön weich ist

Couscous-Salat zubereiten • Brühwürfel in 300 ml kochendem Wasser auflösen • Einen großen Topf bei mittlerer Temperatur erhitzen und etwas Olivenöl hineingeben • Couscous darin 2 Minuten rösten, dann die Brühe dazugießen • Zum Kochen bringen und 8 Minuten leicht köcheln lassen, bis der Couscous gar ist und das Wasser aufgesaugt hat • Mandeln grob hacken, Frühlingszwiebeln putzen und in dünne Ringe schneiden, Kräuter waschen, trocken schütteln und fein hacken • Fertigen Couscous in eine große Schüssel füllen • Mit dem Großteil der Mandeln, Frühlingszwiebeln, Kräutern und Granatapfelkernen vermischen • Die Zitrone halbieren und etwas Saft in den Salat pressen, dabei die Kerne mit der freien Hand auffangen • Mit etwas Olivenöl beträufeln und den veganen Feta darüberkrümeln (etwas davon zum Garnieren zurückbehalten) • Vermischen und abschließend mit Salz und Pfeffer würzen

Minze-Joghurt zubereiten • Minze waschen, trocken schütteln und die Blätter in feine Streifen schneiden • Joghurt in eine kleine Schale geben und mit Mint Jelly, Minzeblättern und Salz verrühren • Zitrone halbieren und den Saft hineinpressen • Joghurt in eine kleine Schüssel füllen

Lamm zerkleinern • Das fertig gebackene Jackfruit-Lamm aus dem Ofen nehmen und die Jackfruit mit zwei Gabeln in dünne Streifen reißen • Jackfruitstreifen und Pilze sorgfältig mit der Sauce vermischen

Servieren • Couscous-Salat in eine große Servierschüssel füllen • Jackfruit und Pilze daraufgeben oder daneben anrichten • Mit etwas Minze-Joghurt garnieren, den Rest separat dazureichen • Salat mit den restlichen Kräutern, Granatapfelkernen und Feta sowie mit frisch gemahlenem schwarzem Pfeffer bestreuen

LAMM AUF KASCHMIR-ART MIT DUM ALOO UND SCHWARZKÜMMEL-NAAN

Curry, wundervolles Curry, wie sehr wir dich doch lieben! Es ist so vielseitig, so variantenreich, so, so köstlich! Curry-Saucen sind fantastisch, aber ab und zu ist ein etwas trockeneres Curry wirklich der Hit. Dieses Curry, du meine Güte, es ist WIRKLICH der Hit. Und von den Kartoffeln ganz zu schweigen ...

4 PORTIONEN

FÜR DAS SCHWARZKÜMMEL-NAAN

300 g Mehl, plus etwas mehr zum Bestäuben
1 EL Backpulver
Meersalz
250 g veganer Joghurt
1 TL Schwarzkümmelsamen
1 TL Sesam
Pflanzenöl zum Ausbacken

FÜR DAS DUM ALOO

1 kg Früh-Kartoffeln oder Drillinge
3 TL Meersalz
2 EL Pflanzenöl oder Pflanzenfett
1 TL Garam Masala
1 TL Cayennepfeffer
1 TL gemahlene Kurkuma

FÜR DAS GEBACKENE LAMM

800 g junge grüne Jackfruit in Salzlake (Dose)
2 EL Rapsöl
1 EL Garam Masala
1 ½ TL gemahlene Kurkuma
½ TL Cayennepfeffer
½ TL Asant
Meersalz

FÜR DIE CURRYPASTE

3 EL Koriandersamen
2 EL Kreuzkümmelsamen
1 EL Bockshornkleesamen
Samen von 4 grünen Kardamomkapseln
2 Zimtstangen
1 EL Basmatireis
3 EL ungesalzene Cashewkerne

Backofen auf 220 °C vorheizen • 2 Auflaufformen • 2 Pfanne • Leistungsstarker Standmixer • Topf • Teigrolle • Zange

Naan-Teig zubereiten • Mehl, Backpulver, 1 TL Salz, Joghurt, Schwarzkümmel- und Sesamsamen in einer Schüssel vermischen • Beiseitestellen

Kartoffeln für den Dum Aloo zubereiten • Kartoffeln gut waschen, mit 2 TL Salz in einen Topf geben, mit Wasser bedecken, zum Kochen bringen und 15–17 Minuten köcheln, bis sie weich sind • In ein Sieb abgießen • Dann mit Öl, 1 TL Salz, Garam Masala, Cayennepfeffer und Kurkuma in eine Auflaufform geben • In den Ofen schieben und 30 Minuten backen (bei derselben Temperatur wie die Jackfruit), bis sie etwas knusprig sind

Gebackenes Lamm zubereiten • Jackfruit abgießen, abwaschen und trocken tupfen • Öl, Garam Masala, Kurkuma, Cayennepfeffer, Asant und 2 TL Salz in einer Schüssel vermischen • Jackfruit untermengen • In einer Auflaufform verteilen und 30–35 Minuten backen, bis die Jackfruit gar und außen trocken ist

Currypaste zubereiten • Koriander-, Kreuzkümmel-, Bockshornklee- und Kardamomsamen sowie Zimtstangen und Reis in einer Pfanne ohne Fett bei niedriger Temperatur 2–3 Minuten unter ständigem Rühren rösten, bis es duftet • Abkühlen lassen und dann mit den Cashewkernen im Standmixer zu feinem Pulver zermahlen • 200 ml Wasser dazugießen und zu einer Paste verarbeiten

Dum-Aloo-Sauce zubereiten • Zwiebel, Knoblauch und Ingwer schälen und in dünne Scheiben schneiden • Chilischoten putzen und in feine Ringe schneiden • Öl in einer Pfanne bei niedriger Temperatur erhitzen, Zwiebel, Knoblauch, Ingwer, Chili und Salz hinzufügen und 8–10 Minuten weich dünsten • Die zubereitete Currypaste 1–2 Minuten mitrösten, dann Joghurt, Kurkuma, Tomatenmark, Zucker und Dosentomaten hinzufügen und 10 Minuten leicht köcheln lassen

Naan-Brote backen • Teig in 4 Stücke teilen • Arbeitsfläche leicht mit Mehl bestäuben und den Teig zu etwa 5 mm dicken Naan-Broten ausrollen • Etwas Öl in einer Pfanne bei mittlerer Temperatur erhitzen, ein Naan-Brot hineinlegen und 3–4 Minuten von beiden Seiten goldgelb und an manchen Stellen dunkel backen, mit einer Zange wenden • Ebenso mit den anderen Broten verfahren

FÜR DIE DUM-ALOO-SAUCE
1 Zwiebel
8 Knoblauchzehen
40 g frischer Ingwer
3 scharfe, grüne Chilischoten
2 EL Pflanzenöl
1 TL Meersalz
2 EL veganer Joghurt
1 TL gemahlene Kurkuma
2 EL Tomatenmark
1 TL hellbrauner Zucker
400 g gehackte Tomaten (Dose)

ZUM SERVIEREN
30 g Koriandergrün
1 Zitrone
veganer Joghurt
Röstzwiebeln

Servieren • Koriander waschen, trocken schütteln, dann die Blätter von den Stielen zupfen und fein hacken • Die Hälfte der Stiele ebenfalls fein hacken • Gehackte Korianderstiele über das Lamm streuen, halbe Zitrone darüber auspressen und untermischen • Kartoffeln unter die Sauce mischen • Alles noch einmal abschmecken und gegebenenfalls nachwürzen • Lamm und Dum Aloo in Servierschüsseln füllen, Naan-Brote auf Teller legen und alles servieren; dazu gehackten Koriander, Joghurt und Röstzwiebeln reichen

KÖSTLICHES LAMMRAGOUT MIT CREMIGER POLENTA

Polenta. Das ist ein bisschen wie Brei und ein bisschen wie Pudding, und wenn sie gut gemacht ist, ein bisschen wie flüssiges Gold. Wenn dich Polenta nicht überzeugt, dann erlauben wir uns, deine Meinung zu ändern, denn, keine Frage, dies ist eines der leckersten Rezepte in diesem Buch. Du kannst uns später danken ...

6–8 PORTIONEN

FÜR DAS FLEISCH
800 g junge grüne Jackfruit in Salzlake (Dose)
200 g Austernpilze
8 vegane Würstchen
3 EL Olivenöl
3 EL getrocknete italienische Kräuter
2 TL Fenchelsamen
1 TL getrocknete Chiliflocken
Meersalz
schwarzer Pfeffer

FÜR DIE SAUCE
1 große Zwiebel
2 Möhren
4 Knoblauchzehen
2 Stangen Staudensellerie
20 g Salbeiblätter
4 EL Olivenöl
3 frische Lorbeerblätter
Meersalz
1 TL getrocknete Chiliflocken
100 ml veganer Weißwein
1 TL Backkakao
2 EL Tomatenmark
2 EL Ahornsirup
2 EL helle Sojasauce
400 g Flaschentomaten (Dose)

FÜR DIE POLENTA
2 l Haferdrink
Meersalz
400 g Polenta
150 g vegane Butter oder veganes Pflanzenfett
Abrieb von 1 Bio-Zitrone
200 g geriebener veganer Cheddar
4 EL Hefeflocken

ZUM SERVIEREN
glatte Petersilie
Hefeflocken oder veganer Parmesan, zum Bestreuen
etwas Olivenöl extra vergine

Backofen auf 220 °C vorheizen • Backblech • Großer gusseiserner Topf • Großer Topf • Schneebesen • Feine Reibe

Fleisch zubereiten • Jackfruit waschen, abtropfen lassen und trocken tupfen • In eine Auflaufform legen und mit den Fingern zerkleinern • Samen entfernen (sie sehen wie Bohnen aus) • Pilze und Würstchen in ähnlich große Stücke zerkleinern und dazugeben • Alles mit Olivenöl beträufeln, mit Kräutern, Fenchelsamen, Chiliflocken, 2 TL Salz und 1 Prise Pfeffer bestreuen und alles vermischen • 30 Minuten im Ofen backen

Sauce zubereiten • Zwiebel, Möhren und Knoblauch schälen und klein würfeln, Sellerie putzen und fein würfeln • Salbei waschen, trocken schütteln, die Blätter abzupfen und in dünne Streifen schneiden • Öl in einem großen gusseisernen Topf bei mittlerer Temperatur erhitzen • Dann Zwiebel, Möhren, Sellerie und Knoblauch dazugeben und unter Rühren 2 Minuten dünsten • Salbei, Lorbeerblätter, 2 TL Salz und Chiliflocken hinzufügen, die Temperatur etwas herunterschalten, umrühren und 12–15 Minuten anschwitzen • Wein, Kakaopulver, Tomatenmark, Ahornsirup, Sojasauce, Tomaten, 400 ml Wasser und die im Ofen gebackenen Zutaten dazugeben und alles 45–60 Minuten leicht köcheln und dicklich einkochen lassen, dabei die Tomaten mit einem Holzlöffel zerkleinern

Polenta zubereiten • Haferdrink und 1 TL Salz in einem großen Topf zum Kochen bringen • Polenta in einem dünnen Strahl langsam dazugeben, dabei stetig rühren • Temperatur auf niedrige Stufe schalten und unter Rühren ein paar Minuten kochen (Packungsanweisung befolgen – die Polenta sollte dicklich und cremig werden; wird sie zu dick, mit etwas Haferdrink der Wasser verdünnen) • Topf vom Herd nehmen, Butter, Zitronenabrieb, Käse und Hefeflocken unterrühren • Noch einmal abschmecken und gegebenenfalls nachwürzen

Servieren • Petersilie waschen, trocken schütteln und fein hacken • Polenta auf Teller verteilen, Ragout daraufgeben, dann mit etwas Petersilie, Hefeflocken oder Parmesan bestreuen und mit etwas Olivenöl beträufeln

ISKENDER KEBAB MIT SCHARFER TOMATENSAUCE

Normalerweise wird mit Brot Sauce aufgetunkt, aber in diesem Rezept kommt die Sauce aufs Brot drauf. Das Rezept stammt aus der Türkei, und wir sind sehr sehr große Fans davon. Interessante Texturen und spritzige, ausgefallene Aromen verbinden sich hier zu einem wirklich köstlichen Gericht, das du mit deiner Familie bestimmt gerne nachkochst!

4 PORTIONEN

FÜR DIE AUBERGINE

2 Auberginen
Olivenöl
Meersalz

FÜR DAS LAMM

1 Zwiebel
5 Knoblauchzehen
800 g Jackfruit in Salzlake (Dose)
3 EL Olivenöl
3 EL Tomatenmark
2 EL gemahlener Koriander
2 EL gemahlener Kreuzkümmel
Salz
1 Zitrone

FÜR DIE SCHARFE TOMATENSAUCE

1 Zwiebel
Olivenöl
Meersalz
1 TL mild geräuchertes Paprikapulver
1 TL gemahlener Piment
1 EL Tomatenmark
400 g gehackte Tomaten (Dose)
1 TL hellbrauner Zucker

FÜR DIE LAMMSAUCE

1 EL Hefeextrakt
15 g Minze
2 EL Ahornsirup
2 EL helle Sojasauce
2 TL getrockneter Oregano
1 TL Cayennepfeffer
2 EL veganer Joghurt
½ TL Backkakao
Meersalz und schwarzer Pfeffer

FÜR DIE PITA-BASIS

4 Pita-Brote
Olivenöl zum Beträufeln
Meersalz

Backofen auf 200 °C vorheizen • 1 Backblech und 1 große Auflaufform • Großer Topf • Stabmixer • Leistungsstarker Standmixer

Zutaten vorbereiten • Auberginen längs halbieren und mit der Schnittfläche nach oben auf ein Backblech legen • Mit etwas Olivenöl beträufeln, mit Salz bestreuen und 40 Minuten im Ofen backen, bis sie ganz weich sind • Dann herausnehmen und zum Abkühlen zur Seite stellen • Währenddessen fürs Lamm Zwiebel und Knoblauch schälen und würfeln • Jackfruit abwaschen, abtropfen lassen, trocken tupfen und in eine große Auflaufform legen, etwas Olivenöl, Tomatenmark, gemahlene Gewürze, 1 Prise Salz und Knoblauch und Zwiebel dazugeben • Zitrone halbieren, den Saft darüber auspressen und alles gründlich vermischen • 30 Minuten im Ofen backen

Scharfe Tomatensauce zubereiten • Zwiebel schälen und würfeln • Etwas Olivenöl in einem großen Topf bei mittlerer Temperatur erhitzen • Zwiebel und 1 Prise Salz hineingeben und 5–10 Minuten weich dünsten • Gewürze unterrühren und ein paar Sekunden mitdünsten, dann Tomatenmark, Dosentomaten, Zucker und 100 ml Wasser hinzufügen • Zum Kochen bringen, dann die Temperatur herunterschalten und 20 Minuten kochen • Anschließend den Topf vom Herd nehmen und die Sauce mit einem Stabmixer glatt pürieren

Auberginen zerkleinern • Das Fleisch der abgekühlten Aubergine mit einer Gabel in dünne Fasern zerkleinern (Haut wegwerfen)

Lammsauce zubereiten • Zerkleinerte Aubergine in die Form zur gegarten Jackfruit geben • Hefeextrakt in einer kleinen Schale in 50 ml heißem Wasser auflösen • Minze waschen, trocken schütteln, Blätter fein hacken und mit dem angerührten Hefeextrakt und den restlichen Zutaten für die Lammsauce in die Form geben • Alles gründlich vermischen • Mit Salz und Pfeffer abschmecken

Pita-Basis mischen • Pita-Brote halbieren und auf ein Backblech legen • Mit Olivenöl beträufeln und mit Salz bestreuen • 5 Minuten im Ofen goldbraun backen • Herausnehmen und beiseitestellen

Tahin-Joghurt zubereiten • Knoblauch schälen und mit Joghurt und Tahin in einen Standmixer geben • Zitrone halbieren und den Saft hineinpressen, 1 Prise Salz hinzufügen • Alles glatt und cremig pürieren

FÜR DEN TAHIN-JOGHURT

1 Knoblauchzehe
270 g veganer Joghurt
115 g cremige Tahin
1 Zitrone
Meersalz

ZUM SERVIEREN (ALLES OPTIONAL)

je 1 Handvoll Petersilie und Minze
etwas Granatapfelsirup
geröstete Pinienkerne
eingelegte grüne Chilischoten

Gericht fertigstellen • Alle Komponenten in Schichten auf 4 Serviertellern anrichten – jeweils mit zwei halben Pita-Broten beginnen, ein Viertel der Lamm-Mischung daraufgeben, dann reichlich Tomatensauce und zum Schluss alles mit Tahin-Joghurt beträufeln

Servieren • Frische Kräuter waschen, trocken schütteln und fein hacken • Über jeden Teller etwas Granatapfelsirup träufeln, gehackte Kräuter, Pinienkerne und eingelegte Chili darüber verteilen

LANCASHIRE-EINTOPF

Was ist das Beste aus Lancashire? Die Straße nach Yorkshire. (Sorry, wir konnten es uns nicht verkneifen.) Aber ehrlich, wir lieben Lancashire. Es ist eine Grafschaft, die mehr als ihren gerechten Anteil an tollen Dingen hervorgebracht hat, eins davon ist der Lancashire-Eintopf. Hier trifft Kartoffelgratin auf veganen Lammeintopf – die Basis für dieses Gericht ist ein gehaltvoller, herzhafter Eintopf mit Lorbeerblättern, Rosmarin und Mint Jelly, gekrönt mit knusprigen Kartoffelscheiben, die mit Hefeflocken bestreut werden. Schön anzusehen, aromatisch und wohlig-wärmend im Geschmack. Der perfekte Ersatz für einen Sonntagsbraten.

4 PORTIONEN

FÜR DIE KARTOFFELN
1 kg Bio-Kartoffeln (Sorte Maris Piper)
Meersalzflocken
1–2 EL Hefeflocken
Olivenöl

FÜR DEN EINTOPF
240 g Baby-Möhren
Olivenöl
Meersalz und schwarzer Pfeffer
400 g Jackfruit in Salzlake (Dose)
300 g veganes Rindfleisch
1 EL Mint Jelly (englisches Minzgelee)
2 Zwiebeln
2 Stangen Staudensellerie
3 Knoblauchzehen
1 veganer Rinderbrühwürfel
1 Gemüsebrühwürfel
2 Zweige Rosmarin
2 Zweige Thymian
3 Lorbeerblätter
2 EL Tomatenmark
2–3 TL Hefeextrakt
1 EL Henderson's Relish (vegane Worcestershire-Sauce)

FÜR DAS GEMÜSE
200 g Baby-Brokkoli
100 g TK-Erbsen
200 g Blattkohl
80 g vegane Butter
1 Zitrone
Salz
50 g geröstete Pinienkerne

Backofen auf 190 °C vorheizen • 2 große Töpfe • Backblech • Großer Schmortopf

Kartoffeln vorbereiten und vorgaren • Kartoffeln gut waschen, in 3 mm dicke Scheiben schneiden (mit Schale) • Mit Salzwasser in einen großen Topf geben und zum Kochen bringen • Die Temperatur herunterschalten und 3–4 Minuten weich kochen, ohne dass sie zerfallen • Abtropfen lassen und beiseitestellen

Möhren vorbereiten und Fleisch rösten • Möhren putzen, längs halbieren • Auf ein Backblech legen, mit Olivenöl beträufeln und mit Salz würzen • Vermischen und 5–10 Minuten im Ofen backen, bis sie anfangen, weich zu werden • Nach 5 Minuten herausnehmen • Jackfruit abtropfen lassen und abwaschen, mit den Möhren vermengen. Veganes Rindfleisch, Mint Jelly und bei Bedarf noch etwas Olivenöl hinzufügen • Vermengen und für weitere 30 Minuten im Ofen backen, bis die Möhren weich sind

Basis zubereiten • Zwiebeln schälen und in dünne Streifen schneiden, Sellerie putzen, würfeln und Knoblauch schälen und ebenfalls würfeln • Einen großen Schmortopf bei mittlerer Temperatur erhitzen und etwas Olivenöl hineingeben • Dann Zwiebeln, Sellerie, Knoblauch und 1 Prise Salz hinzufügen • Sorgfältig vermischen und 5–10 Minuten dünsten, bis die Zwiebeln weich werden • Beide Brühwürfel in 500 ml kochendem Wasser auflösen • Rosmarinnadeln und Thymianblätter von den Zweigen zupfen • Brühe in den Schmortopf gießen und Rosmarin, Thymian, Lorbeerblätter, Tomatenmark, Hefeextrakt und Henderson's Relish unterrühren • Zum Kochen bringen, die Temperatur reduzieren und 15 Minuten leicht köcheln lassen

Kartoffeln fertigstellen • Backofentemperatur auf 220 °C hochschalten • Wenn der Eintopf 15 Minuten geköchelt hat und etwas eingekocht ist, Jackfruit, veganes Rind und Möhren unterrühren • Abschmecken und etwas würzen • Die vorgegarten Kartoffelscheiben fächerartig darüber verteilen • Mit Hefeflocken und Meersalzflocken bestreuen und mit etwas Olivenöl beträufeln • 10–15 Minuten im Ofen garen, bis die Kartoffeln knusprig und goldbraun sind

Gemüse kochen • Gemüse putzen und evtl. kleiner schneiden • Einen großen Topf bei mittlerer Temperatur erhitzen und Butter hineingeben • Gemüse dazugeben und umrühren • Topfdeckel auflegen und 10 Minuten garen, bis der Kohl zusammenfällt • Zitrone halbieren und Saft dazupressen • 1 Prise Salz und Pinienkerne hinzufügen

Servieren • Eintopf aus dem Ofen nehmen und auf den Tisch stellen • Gemüse in eine Servierschüssel füllen und dazureichen

HAGGIS, NEEPS AND TATTIES MIT WHISKY-SAUCE

Unser Kumpel Tom lebt mit seiner Partnerin Steph und ihrer reizenden Tochter Romy in Edinburgh. Tom ist ein begeisterter Koch und hat uns kürzlich per SMS geschrieben „Ich werde versuchen, mich vegetarisch zu ernähren oder zumindest viel, viel weniger Fleisch zu essen." Wir freuen uns, dass Tom beschlossen hat, mehr Gemüse zu essen, und widmen ihm, Steph und Romy dieses klassische schottische Gericht in vegan!

4 PORTIONEN

FÜR DEN HAGGIS
1 Zwiebel
1 mittelgroße Möhre
3–4 mittelgroße braune Champignons
400 g Kidneybohnen (Dose)
75 g getrocknete rote Linsen
45 g ungesalzene Erdnusskerne
30 g Haselnusskerne
2 EL Pflanzenöl
225 ml Gemüsebrühe
75 g Haferflocken
1 EL schwarzer Pfeffer (oder mehr, wenn du es gerne schärfer magst)
2 EL Hefeextrakt
Saft von ½ Zitrone
1 EL helle Sojasauce
1 TL getrockneter Rosmarin
1 TL geriebene Muskatnuss
1 TL gemahlener Zimt oder Piment
½ TL geräuchertes Paprikapulver
Meersalz

FÜR DIE TATTIES
700 g Kartoffeln
75 ml Haferdrink
4 EL vegane Butter oder Olivenöl
1 EL grobkörniger Senf
Meersalz und schwarzer Pfeffer

FÜR DIE NEEPS
1 große Steckrübe (etwa 800 g)
4 EL vegane Butter
Meersalz und schwarzer Pfeffer

Kastenreibe • Standmixer (optional) • Großer Topf • 2 mittelgroße Töpfe • Backblech, mit Alufolie ausgelegt, oder beschichtetes Backblech • Kartoffelstampfer • Kleiner Topf

Zutaten vorbereiten • Zwiebel schälen und würfeln • Möhre schälen und reiben • Pilze putzen und fein hacken oder reiben • Kidneybohnen abtropfen lassen und in einer Schale sorgfältig zerdrücken • Linsen waschen • Nüsse grob hacken oder im Standmixer zerkleinern – wenn du einen Standmixer hast, kannst du auch Möhren, Pilze, Bohnen und Nüsse darin zusammen zerkleinern

Haggis zubereiten • Pflanzenöl in einem großen Topf bei mittlerer Temperatur erhitzen, Zwiebel hineingeben und 5–10 Minuten weich und glasig dünsten • Linsen und Brühe hinzufügen, zum Kochen bringen, dann die Temperatur herunterschalten und zugedeckt 10–12 Minuten köcheln lassen, bis die Linsen weich, aber nicht vollständig zerfallen sind, und das meiste Wasser verdampft ist • Dann Haferflocken, 1 EL Wasser und Pfeffer unterrühren und 2–3 Minuten kochen • Nüsse, Möhre, Pilze, Bohnen, Hefeextrakt, Zitronensaft, Sojasauce, Rosmarin und Gewürze sowie je nach Salzgehalt von Brühe, Hefeextrakt und Sojasauce 1 Prise Salz hinzufügen • 5 Minuten unter Rühren dicklich einkochen, dann abschmecken – es sollte eine breiartige Konsistenz haben und würzig und pfeffrig schmecken (ggf. nachwürzen) • Vom Herd nehmen und beiseitestellen • Den Backofen auf 180 °C vorheizen

Neeps und Tatties vorbereiten • Kartoffeln und Steckrübe schälen und in 2,5 cm große Stücke schneiden

Neeps und Tatties kochen • Wasser in zwei separaten Töpfen zum Kochen bringen • In einen Topf die Kartoffeln, in den anderen die Steckrübe geben und 12–15 Minuten kochen, bis sie weich sind

Haggis kochen • Haggis-Masse mit zwei Löffeln in vier gleich große Teile aufteilen und zu Nocken formen, auf ein mit Alufolie ausgelegtes Backblech legen und 25–30 Minuten im Ofen backen, bis sie eine knusprige Kruste haben • Alternativ die Masse auf ein beschichtetes, eingefettetes Blech streichen und ebenso backen

Tatties würzen • Kartoffeln abtropfen lassen, dabei 2 EL Kochwasser auffangen und mit den Kartoffeln in den Topf geben • Haferdrink, Butter oder Öl, Senf sowie Salz und Pfeffer hinzufügen und zu glattem Püree zerstampfen

FÜR DIE WHISKY-SAUCE
50 ml Whisky
1 veganer Rinderbrühwürfel
3 EL Speisestärke
1 EL Tamari (fermentierte Sojasauce)
Meersalz und schwarzer Pfeffer
1 TL vegane Butter

ZUM SERVIEREN
1 Handvoll Schnittlauch

Neeps würzen • Steckrübe abtropfen lassen und wieder in den Topf geben • Butter, Salz und Pfeffer dazugeben und zu glattem Püree zerstampfen

Whisky-Sauce zubereiten • Whisky und 200 ml Wasser in einem kleinen Topf zum Kochen bringen, Brühwürfel hineinkrümeln und dicklich einkochen lassen • Speisestärke mit Tamari und einem Schuss Wasser anrühren, dann mit Salz und Pfeffer dazugeben und unter Rühren kochen, bis der Alkohol verdampft ist • Abschmecken, Butter einrühren und nachwürzen • Mit etwas Wasser verlängern

Servieren • Schnittlauch waschen, trocken schütteln und grob hacken • Neeps und Tatties mit den Haggis auf Servierteller verteilen • Mit gehacktem Schnittlauch bestreuen und gleich servieren, die Sauce dazureichen

YEMISTA (GEFÜLLTE PAPRIKA AUF GRIECHISCHE ART) MIT EINFACHEM ZAZIKI

Wir haben BOSH! vor über sechs Jahren gegründet und seitdem noch NIE gefüllte Paprika gemacht. Daher ist es jetzt höchste Zeit, diesen Fehler zu korrigieren und sie zu probieren. Überflüssig zu erwähnen, dass du froh sein kannst, dass wir es getan haben, denn diese kleinen Schönheiten sind wirklich etwas Besonderes. Guten Appetit!

6–8 PORTIONEN

FÜR DIE GEFÜLLTE PAPRIKA

150 g Basmatireis
12 große Paprika
1 große rote Zwiebel
200 g braune Champignons
3 Knoblauchzehen
15 g Thymianzweige
4 EL Olivenöl, extra vergine, plus etwas mehr zum Beträufeln
2 TL Kreuzkümmelsamen
2 TL Meersalz
750 ml veganer trockener Weißwein
3 EL helle Sojasauce
600 g veganes Hack
2 TL gemahlener Zimt
2 TL getrockneter Thymian
2 TL getrockneter Oregano
2 TL getrocknete Minze
1 Gemüsebrühwürfel
220 g Rosinen
4 EL Tomatenmark
100 g Pinienkerne
30 g Dill
20 g Minze
30 g glatte Petersilie
Olivenöl
Meersalz und schwarzer Pfeffer

FÜR DAS EINFACHE ZAZIKI

3 Knoblauchzehen
15 g Dill
1 Salatgurke
250 g veganer Joghurt (kein Kokosjoghurt)
1 TL Meersalz
½ Zitrone

FÜR DEN RUCOLA-SALAT

100 g entsteinte Kalamata-Oliven
10 g Minze
100 g Rucola
1 Zitrone

Wok oder große Pfanne • Pfanne • Auflaufform • Standmixer

Zutaten vorbereiten • Reis in einem Sieb unter fließendem kalten Wasser 1 Minute abspülen • In eine Schüssel geben, mit kaltem Wasser bedecken und beiseitestellen • Oberseiten der Paprika abschneiden und Kerne und weiße Trennhäute entfernen • An der Unterseite ein schmales Stück abschneiden, damit die Schoten gerade stehen • Zwiebel schälen und in dünne Streifen schneiden • Pilze putzen und in olivengroße Stücke schneiden • Knoblauch schälen und in dünne Scheiben schneiden • Thymian waschen, trocken schütteln und anschließend die Blätter von den Zweigen zupfen

Füllung zubereiten • Etwas Olivenöl in einem Wok oder einer großen Pfanne bei hoher Temperatur erhitzen • Kreuzkümmelsamen, Zwiebel, Knoblauch und 1 TL Salz hinzufügen und 5–6 Minuten dünsten • Pilze untermengen – nicht zu sehr rühren, damit sie schön bräunen – und 5–10 Minuten braten • Mit Wein und Sojasauce ablöschen, dann die Temperatur herunterschalten und 10 Minuten leicht köcheln lassen • Hack, Zimt, Thymian, Oregano und Minze dazugeben, Brühwürfel hineinkrümeln und Rosinen, 1 TL Salz sowie Tomatenmark hinzufügen und alles 15 Minuten köcheln lassen

Pinienkerne rösten • Pinienkerne in einer Pfanne ohne Fett bei mittlerer Temperatur 5 Minuten goldbraun rösten

Füllung fertigstellen • Pinienkerne, abgetropften Reis und 300 ml Wasser in den Wok oder die Pfanne geben, umrühren und 12–15 Minuten köcheln lassen, bis der Reis weich ist und die Flüssigkeit aufgenommen hat, dabei gelegentlich umrühren, damit er nicht ansetzt • Wok vom Herd nehmen und die Füllung kurz abkühlen lassen • Dill, Minze und Petersilie waschen, trocken schütteln, die Blätter von den Stielen zupfen, grob hacken und unter die Füllung rühren • Backofen auf 160 °C vorheizen

Yemista zusammensetzen • Paprikaschoten in eine Auflaufform setzen • Mit der Füllung befüllen • Deckel aufsetzen, mit etwas Olivenöl beträufeln, mit Salz und Pfeffer würzen und 3 EL Wasser in die Form geben • Form in den Ofen stellen und Paprika 35–40 Minuten backen, bis die Schoten auf der Oberseite dunkel werden

Zaziki zubereiten • Knoblauch schälen und grob hacken • Dill waschen, trocken schütteln, die Spitzen von den Stielen zupfen und grob hacken • Die Gurke grob hacken • Alle Zutaten für das Zaziki in einen Standmixer geben, Saft von der Zitrone dazupressen (mit der freien Hand die Kerne auffangen) • In eine Schale umfüllen

Salat zubereiten • Oliven halbieren und in eine Schale geben • Minze und Rucola waschen, trocken schütteln, die Minzblätter von den Stielen zupfen und mit dem Rucola in die Schale geben • Zitrone halbieren, den Saft darüber auspressen und alles vermischen

Servieren • Gebackene Paprika auf Teller verteilen, mit Salat anrichten und mit Zaziki servieren (die Yemista schmecken auch kalt hervorragend)

FLEISCHIGES BHUNA MIT WÜRZIGEM REIS

Dies ist das vegane Curry, das du schon immer in deinem Curry House vermisst hast! Eine dicke, dunkle, köstliche Bratensauce mit aromatischen Tofu-Stücken auf fluffigem, würzigem Reis. Mit ein paar Bierchen ist dies das beste Freitag-Abend-Essen ever!

4–5 PORTIONEN

FÜR DAS LAMM
- 1 Teebeutel English Breakfast Tea
- 1 TL getrocknete Minze
- 1 EL Garam Masala
- 2 EL helle Sojasauce
- 300 g große Sojaschnetzel

FÜR DIE WÜRZMISCHUNG
- 1 EL Koriandersamen
- 1 EL Kreuzkümmelsamen
- 1 EL Fenchelsamen
- ½ EL Bockshornkleesamen
- 1 EL braune Senfsamen

FÜR DIE CURRYSAUCE
- 2 Zwiebeln
- 5 Knoblauchzehen
- 2,5 cm frischer Ingwer
- 1 grüne Chilischote
- 3 EL Pflanzen- oder Kokosöl
- Meersalz
- 800 g gehackte Tomaten (Dose)
- 5 EL Tomatenmark
- 5 cm Zimtstange
- 1 EL Garam Masala
- ½ TL gemahlene Kurkuma
- 1–2 TL Chilipulver
- 1 EL Zwiebelpulver
- 1 EL hellbrauner Zucker
- 6 Kirschtomaten
- 1 EL Weißweinessig oder ½ Zitrone

FÜR DEN REIS
- 250 g Basmatireis
- 1 Zwiebel
- 1 EL Pflanzenöl
- 1 TL Kreuzkümmelsamen
- Samen von 2 grünen Kardamomkapseln
- 2 Gewürznelken
- 1 Lorbeerblatt
- 1 TL vegane Butter

Pfanne • Mörser und Stößel oder Teigrolle • Großer Topf • Mittelgroßer Topf • Sieb

Lamm zubereiten • Teebeutel, Minze, Garam Masala, Sojasauce und 1 l kochendes Wasser in eine hitzebeständige Schüssel geben • Sojaschnetzel hinzufügen, die Schüssel abdecken, damit die Hitze nicht entweicht • Mindestens 30 Minuten einweichen lassen

Gewürzmischung zubereiten • Koriandersamen im Mörser anstoßen • Eine Pfanne ohne Fett bei mittlerer Temperatur erhitzen, Kreuzkümmel-, Fenchel-, Bockshornklee- und zerkleinerte Koriandersamen hineingeben und 1 Minute rösten, bis sie duften • Senfsamen dazugeben und noch weitere 1–2 Minuten rösten, bis sie anfangen aufzuplatzen, dann vom Herd nehmen, kurz abkühlen lassen und im Mörser zu Pulver zermahlen

Zutaten für die Sauce vorbereiten • Zwiebeln schälen und in feine Streifen schneiden, Knoblauch schälen und pressen • Ingwer schälen und fein hacken • Chili putzen, Samen entfernen, wenn es nicht so scharf werden soll, und in dünne Ringe schneiden

Curry zubereiten • In einem großen Topf 2 EL Pflanzen- oder Kokosöl bei mittlerer Temperatur erhitzen • Zwiebeln hinzufügen und etwa 15 Minuten weich dünsten • Knoblauch, Ingwer und Chili sowie 1 Prise Salz dazugeben und weitere 2–3 Minuten dünsten, bis der Knoblauch duftet • Temperatur herunterschalten, vorbereitete Gewürzmischung und 50 ml Wasser hinzufügen, 3–4 Minuten leise köcheln lassen • Gehackte Tomaten, Tomatenmark, Zimtstange, noch 1 Prise Salz dazugeben und Deckel auflegen • Bei niedriger Temperatur köcheln lassen und währenddessen den Reis zubereiten

Reis zubereiten • Reis in einem Sieb unter kaltem fließenden Wasser 1 Minute abwaschen • Zwiebel schälen und in Streifen schneiden • Öl in einem mittelgroßen Topf bei mittlerer Temperatur erhitzen, alle trockenen Gewürze dazugeben und 1–2 Minuten rösten, bis sie duften • Zwiebelstreifen dazugeben und etwa 10 Minuten dünsten, bis sie weich und goldbraun werden • Abgetropften Reis unterrühren • 450 ml Wasser dazugießen, zum Kochen bringen und dann die Temperatur herunterschalten • Zugedeckt 12–14 Minuten kochen, bis der Reis das Wasser aufgenommen hat • Den Herd ausschalten, Butter einrühren und den Reis bis zum Servieren zugedeckt ruhen lassen

ZUM SERVIEREN
veganer Joghurt
1 Handvoll Koriandergrün
Schwarzkümmelsamen
Röstzwiebeln

Während der Reis kocht, das Curry fertigstellen • Sojaschnetzel in einem Sieb abtropfen lassen, Teebeutel entfernen • Sojaschnetzel und 1 EL Pflanzen- oder Kokosöl in das Curry rühren • Bei niedriger Temperatur 15 Minuten leise köcheln lassen, dann Garam Masala hinzufügen und weitere 7–8 Minuten köcheln, bis die Sojaschnetzel ihr Volumen verdoppelt haben • Kurkuma-, Chili-, Zwiebelpulver, Zucker und 200 ml Wasser dazugeben, weitere 10 Minuten kochen – die Sauce sollte dicklich und dunkelrot werden und glänzen • Kirschtomaten waschen und halbieren, dazugeben und noch 2–3 Minuten mitkochen, bis sie weich sind • Vom Herd nehmen und den Essig oder etwas Zitronensaft dazugeben • Abschmecken und nach Belieben mit Salz und Chili nachwürzen

Servieren • Curry mit Reis servieren • Etwas Joghurt, frischen Koriander und Röstzwiebeln darübergeben • Zum Schluss den Reis mit Schwarzkümmelsamen und Röstzwiebeln garnieren

FLADENBROT MIT LAMM UND MINZE-JOGHURT NACH LIBANESISCHER ART

Die Zubereitung von Fladenbrot mag sich wie ein hartes Stück Arbeit anfühlen, aber in Wirklichkeit braucht man nur eine Handvoll Zutaten aus dem Vorratsregal und Knethaken, um köstliche Fladenbrote zu zaubern, die innen unglaublich weich sind und außen eine herrliche goldgelbe Kruste haben. Du kannst sie mit allem Möglichen servieren. Wir haben sie mit zerbröseltem Lamm-Tempeh belegt, das mit Minze, Zitrone und Chili gewürzt ist, und mit spritzigem Minze-Joghurt beträufelt. Sooooo lecker!

2 PORTIONEN

FÜR DIE FLADENBROTE

140 g Weizenmehl (Type 812), plus etwas mehr zum Bestäuben
1 TL Trockenhefe
1 TL feiner Zucker
1 TL Backpulver
1 TL getrocknete gemischte Kräuter
1 TL Salz
1 EL Olivenöl
weiche vegane Butter zum Bestreichen

FÜR DEN LAMM-BELAG

300 g Tempeh
1 Zwiebel
2 Knoblauchzehen
Olivenöl
Meersalz
1 TL gemahlener Kreuzkümmel
½ TL gemahlener Koriander
½ TL geriebene Muskatnuss
1 TL geräuchertes Paprikapulver
1 TL Chilipulver
2 EL Mint Jelly (englisches Minzgelee)
1 Zitrone

FÜR DEN MINZE-JOGHURT

ein paar Minzeblätter
150 g veganer Joghurt
1 EL Mint Jelly (englisches Minzgelee)
Meersalz
1 Zitrone

ZUM SERVIEREN

1 Handvoll Minzeblätter
schwarzer Pfeffer
1 Handvoll Granatapfelkerne
1 EL geröstete Pinienkerne
1 Prise getrocknete Chiliflocken

Großer Topf • 2 große, flache Pfannen (oder 1, dann die Fladenbrote nacheinander backen) • Speisepinsel

Fladenbrotteig zubereiten • Mehl, Hefe, Zucker, Backpulver, Kräuter und Salz in einer großen Schüssel vermischen, bis keine Klümpchen mehr zu sehen sind • 80 ml lauwarmes Wasser und Olivenöl unterrühren, bis alles gleichmäßig vermischt ist, und den Teig zu einer Kugel formen • Auf einer leicht bemehlten Arbeitsfläche 6–10 Minuten kneten, bis der Teig elastisch ist • In die Schüssel legen, abdecken und an einem warmen Ort mindestens 30 Minuten gehen lassen

Lamm-Belag zubereiten • Tempeh von Hand zerkrümeln • Zwiebel und Knoblauch schälen und würfeln • Einen großen Topf bei mittlerer Temperatur erhitzen und etwas Olivenöl hineingeben • Zwiebel, Knoblauch und 1 Prise Salz hineingeben • Gut vermischen und 5–10 Minuten dünsten, bis die Zwiebel weich wird • Dann die Gewürze und den zerkrümelten Tempeh sowie einen Schuss Wasser hinzufügen • Sorgfältig vermischen und 5 Minuten braten, dann Mint Jelly einrühren • Zitrone halbieren und etwas Saft hineinpressen • Die Temperatur herunterschalten und 10 Minuten köcheln lassen

Minze-Joghurt zubereiten • Minz waschen, trocken schütteln, die Blätter in dünne Streifen schneiden • Joghurt in eine Schale geben und mit Mint Jelly, Minze und 1 Prise Salz verrühren • Zitrone halbieren und etwas Saft hineinpressen • In eine kleine Servierschale umfüllen

Fladenbrot backen • 2 große, flache Pfannen bei mittlerer Temperatur erhitzen • Den Teig aus der Schüssel nehmen und halbieren • Jede Hälfte auf einer leicht bemehlten Arbeitsfläche von Hand oder mit der Teigrolle flach drücken – der Teig sollte ziemlich dünn sein, weil er beim Backen noch aufgeht • In die heißen Pfannen legen und 2–3 Minuten von beiden Seiten rundum goldgelb backen • Wenn du nur eine Pfanne hast, die Brote nacheinander backen

Zusammensetzen • Fladenbrote auf 2 Servierteller legen und mit etwas Butter bestreichen • Lammmischung daraufgeben und mit etwas Minze-Joghurt beträufeln

Servieren • Ein paar Minzeblätter waschen, trocken schütteln, hacken und mit 1 Prise schwarzem Pfeffer, Granatapfelkernen, Pinienkernen und Chiliflocken auf die Fladenbrote streuen (oder einfach deine Lieblings-Toppings)

WÜRZIGE LAMM-TAJINE MIT SAFRAN-COUSCOUS

Eine herrlich wärmende Schärfe, süß-saftige Aprikosen, knackige Kichererbsen und große, weiche Jackfruit-Stücke, serviert mit einem einfachen safrangelben Couscous-Salat. Normalerweise loben wir uns nicht selbst, aber bei diesem Rezept müssen wir das wohl leider tun. Es gibt nur ein Wort für dieses Gericht, und das ist „köstlich". Würze, Süße, Biss, Sättigung, Nährwert: Was auch immer du willst, es hat alles, und wenn du uns nicht glaubst, dann koch es nach! Du wirst nicht enttäuscht sein.

4 PORTIONEN

FÜR DIE TAJINE

400 g Kichererbsen (Dose)
400 g Jackfruit in Salzlake (Dose)
1 EL Mint Jelly (englisches Minzgelee)
Meersalz und schwarzer Pfeffer
Olivenöl
1 Zwiebel
3 Knoblauchzehen
2 Möhren
1 Gemüsebrühwürfel
100 g getrocknete Aprikosen
1 TL gemahlener Kreuzkümmel
1 TL geräuchertes Paprikapulver
1 TL gemahlener Zimt
1 TL gemahlener Ingwer
1 EL Rosen-Harissa-Paste
2 EL Tomatenmark
100 g entsteinte grüne Oliven
50 g Pinienkerne
1 Zitrone

FÜR DAS SAFRAN-COUSCOUS

1 Gemüsebrühwürfel
Olivenöl
180 g Couscous
1 große Prise Safranfäden
½ TL feiner Zucker
jeweils 1 große Handvoll glatte Petersilie und Koriandergrün
½ Zitrone
50 g geröstete Pinienkerne

Backofen auf 180 °C vorheizen • Backblech • Großer Schmortopf • Topf

Jackfruit und Kichererbsen backen • Kichererbsen und Jackfruit abtropfen lassen und auf einem Backblech verteilen • Mint Jelly, 1 Prise Salz und etwas Olivenöl untermischen • 30 Minuten im Ofen backen

Grundzutaten für die Tajine zubereiten • Zwiebel, Knoblauch und Möhren schälen und würfeln • Einen großen Schmortopf bei mittlerer Temperatur erhitzen und etwas Olivenöl hineingeben • Zwiebel, Knoblauch und Möhren sowie 1 Prise Salz hineingeben, umrühren und 5–10 Minuten dünsten, bis die Möhren weich werden • Brühwürfel in 300 ml kochendem Wasser auflösen • Getrocknete Aprikosen in kleine Stücke schneiden und mit den trockenen Gewürzen unter die Zutaten im Schmortopf rühren • Ein paar Sekunden kochen, dann Harissa, Tomatenmark und Brühe dazugeben • Zum Kochen bringen, dann die Temperatur herunterschalten und alles 30 Minuten sanft köcheln lassen • Dann die grünen Oliven halbieren und mit den Pinienkernen unter die Tajine rühren • Gebackene Kichererbsen und Jackfruit untermengen • Temperatur auf die niedrigste Stufe schalten, Topfdeckel auflegen und alles weitere 15 Minuten bis zum Servieren leicht köcheln lassen (oder bei niedriger Temperatur in den Ofen schieben), dabei noch etwas Wasser dazugießen, wenn sie zu dick wird

Couscous kochen • Brühwürfel in 300 ml kochendem Wasser auflösen • Einen Topf bei mittlerer Temperatur erhitzen und etwas Olivenöl hineingeben • Couscous, Brühe, Safran und Zucker hinzufügen • Zum Kochen bringen • Dann die Temperatur auf niedrige Stufe herunterschalten und Couscous etwa 10 Minuten leicht köcheln lassen, bis das Wasser aufgenommen wurde • Dann Petersilie und Koriander waschen, trocken schütteln, hacken und in das Couscous rühren, ebenso etwas Zitronensaft, ein wenig Olivenöl und die Pinienkerne

Servieren • Tajine aus dem Ofen nehmen und abschmecken – falls nötig, mit Salz und Pfeffer würzen, oder etwas Wasser dazugießen, wenn die Konsistenz zu dick ist • Couscous in eine große Servierschüssel füllen und mit der Tajine servieren

FISCH UND MEERES-FRÜCHTE

80ER-JAHRE-KRABBENCOCKTAIL

Wir sind beide in den Achtzigern geboren und haben immer Krabbencocktail als Vorspeise an Weihnachten gegessen. Und wir sind uns ziemlich sicher, dass jede*r, der/die in Großbritannien in den Achtzigern geboren wurde, an Weihnachten Krabbencocktail gegessen hat. Hol die alten gemusterten Gläser aus der letzten Ecke des Schranks hervor, bereite einen Krabbencocktail zu und versetz dich in deine Kindheit zurück. Du weißt, dass du das möchtest!

4–6 PORTIONEN

FÜR DIE MARIE-ROSE-SAUCE

250 g vegane Mayonnaise
65 g Ketchup
2 TL Brandy
1 TL Henderson's Relish (vegane Worcestershire-Sauce)
½ Zitrone
1 TL Cayennepfeffer, plus etwas mehr zum Servieren
Meersalz
schwarzer Pfeffer

ZUM SERVIEREN

3 kleine Salatherzen
2–3 reife Avocados
1 Zitrone
600 g küchenfertige vegane Garnelen
1 kleiner Bund Schnittlauch
4–6 Scheiben Vollkornbrot
vegane Butter zum Bestreichen

Schneebesen • Gläser zum Servieren

Marie-Rose-Sauce zubereiten • Alle Zutaten in eine Schüssel geben, Saft der halben Zitrone dazupressen und alles zu einer schön cremigen Sauce verquirlen • Mit Cayennepfeffer und je 1 Prise Salz und Pfeffer abschmecken

Salat zubereiten • Salatblätter waschen, trocken tupfen und 3 schöne zum Servieren beiseitelegen • Die restlichen in dünne Streifen schneiden • Avocado halbieren, Steine und Schale entfernen und die Hälften in je 6 Scheiben schneiden • Zitrone in Stücke schneiden, dabei gegebenenfalls Kerne entfernen

Krabbencocktail zubereiten • Salatstreifen auf die Serviergläser verteilen • Garnelen mit der Hälfte der Sauce vermischen • Jeweils eine Portion auf die Salatblätter geben • Mit einem Stück Zitrone, 5 Avocadoscheiben, den beiseitegelegten Salatblättern und einem schönen Klecks restlicher Marie-Rose-Sauce garnieren

Servieren • Schnittlauch waschen, trocken schütteln und hacken • Brotscheiben mit Butter bestreichen, etwas Cayennepfeffer und gehackten Schnittlauch über die Sauce streuen und sofort mit dem Brot servieren

GANZ BESONDERS LECKERES FISCHFILET

Ein Filet, das dir ein „Wow“ entlockt. Eine Sauce, die dir ein „Wow“ entlockt. Pommes, die dir ein „Wow“ entlocken. Ein Essen, das dir und deinen Freund*innen ein „Wow“ entlockt. Dies hier wird dich ganz sicher nicht enttäuschen! Prost Ronald, ab hier übernehmen wir.

4 PORTIONEN

FÜR DAS FISCHFILET

400 g extra fester Tofu
2 Nori-Blätter
2 EL Kapernlake (Glas)
2 EL Gewürzgurkenlake (Glas)
Meersalz
schwarzer Pfeffer
½ Zitrone
4 EL Eiersatz
80 g Mehl
300 g Semmelbrösel

FÜR DIE POMMES

4 große Kartoffeln (Sorte Maris Piper)
Meersalz
Pflanzenöl zum Frittieren

FÜR DIE SAUCE TARTARE

1 kleine Schalotte
3 EL Kapern (in Essig)
3 Gewürzgurken
15 g glatte Petersilie
1 Zitrone
120 g vegane Mayonnaise
Meersalz, schwarzer Pfeffer und Zucker

ZUM ANRICHTEN

4 vegane Brioche-Brötchen
Olivenöl
4 Scheiben veganer Käse

Schere • 2 große Töpfe • Speisepinsel • 1 Auflaufform und 1 Backblech • Pfanne • Speisethermometer • Schaumlöffel aus Metall

Tofu vorbereiten • Tofu abtropfen lassen und mit Küchenpapier trocken tupfen, dann in 4 gleich große Scheiben schneiden • Mit der Schere 1 Nori-Blatt klein schneiden • Die Nori-Stücke in eine breite, tiefe Schale geben und Kapern- und Gurkenlake sowie etwas Salz und Pfeffer dazugeben • Zitronensaft dazupressen • Umrühren • Tofuscheiben hineinlegen und marinieren, dabei ein paar Mal wenden, um sie vollständig mit der Marinade zu bedecken

Pommes zubereiten • Kartoffeln schälen und zu Pommes schneiden • Ein paar Mal die Stärke unter kaltem Wasser abwaschen, in einen großen Topf geben und mit kaltem Wasser bedecken • 1 kräftige Prise Salz dazugeben und bei hoher Temperatur zum Kochen bringen • Wenn das Wasser sprudelt, den Timer auf 5 Minuten einstellen • Anschließend Kartoffeln abgießen und ausdampfen lassen, bis sie kalt sind • Backofen auf 150 °C vorheizen

Fischfilet zubereiten • Eiersatz mit 8 EL Wasser in einer tiefen Schale verrühren, bei Bedarf noch weiteres Wasser dazugeben • Restliches Nori-Blatt vierteln • Marinierte Tofustücke aus der Schale nehmen, auf eine saubere Arbeitsfläche legen, jeweils ein gevierteltes Nori-Blatt darauflegen und 1 Minute ruhen lassen (damit das Nori-Blatt am Tofu klebt) • Tofu rundum mit Eiersatz bestreichen, erst im Mehl wälzen, dann mit Semmelbröseln bedecken und den Vorgang noch einmal wiederholen • In eine Auflaufform legen

Sauce Tartare zubereiten • Schalotte schälen und fein würfeln • Kapern abtropfen lassen und grob hacken • Gewürzgurken würfeln • Petersilie waschen, trocken schütteln, die Blätter von den Stielen zupfen und fein hacken • Zitrone halbieren und auspressen • Zitronensaft, Schalotten, Kapern, Gurken, Petersilie, Mayo und etwas Salz, Pfeffer und Zucker miteinander vermischen

Pommes und Fisch frittieren • Öl in einem großen Topf auf 180 °C erhitzen (mit einem Thermometer kontrollieren) • Pommes mit einem Schaumlöffel aus Metall hineingeben und 5–6 Minuten goldgelb und knusprig frittieren (evtl. portionsweise vorgehen) • Abtropfen lassen, auf einem Backblech verteilen, salzen und im Ofen warm halten • Wenn die Pommes fertig sind, die Fischfilets 4–5 Minuten im Öl goldgelb und knusprig frittieren • Herausnehmen und auf einem Teller mit Küchenpapier abtropfen lassen

Brötchen vorbereiten • Brötchen halbieren und mit etwas Öl beträufeln • Mit der Schnittfläche nach unten in einer Pfanne ohne Fett bei mittlerer bis hoher Temperatur 1–2 Minuten goldgelb rösten

Servieren • Vegane Käsescheiben auf die Brötchen-Unterseite legen, dann den Fisch und als nächstes Sauce Tartare daraufgeben, mit den Brötchen-Oberseiten abschließen und sofort mit den Pommes servieren

DATE-NIGHT-JAKOBSMUSCHELN

Sarah und ich waren im Mai 2022 in Lissabon im Urlaub und haben uns in diese Stadt verliebt. Tolle Stimmung, nette Menschen, interessante Geschichte, herrliches Wetter, fantastische Architektur, aber – besonders wichtig – phänomenales Essen. Wir waren in einem Restaurant namens Ao 26, in dem es köstliche vegane Jakobsmuscheln gab, die mich dazu inspirierten, sie in dieses Buch aufzunehmen. Ich hoffe, du magst sie!

2 PORTIONEN

FÜR DIE JAKOBSMUSCHELN

- 3 dicke Braune Kräuterseitlinge
- 1 EL Pflanzenöl
- 1 EL vegane Butter
- Meersalz und schwarzer Pfeffer
- ½ Zitrone

FÜR DEN SPARGEL

- 300 g grüner Spargel

FÜR DIE ALGENBUTTER

- 2 Knoblauchzehen
- 75 g vegane Butter
- 1 EL Nori- oder Dulse-Flocken

FÜR DIE HASELNÜSSE

- 50 g Haselnusskerne
- 1 EL Leinsamen
- 1 EL Sonnenblumenkerne
- 1 TL Rapsöl

Backofen auf 200 °C vorheizen • Mittelgroßer Topf • Backblech • Ofenfeste Pfanne

Pilze vorbereiten • Köpfe und unebene Enden der Pilze abschneiden und anderweitig verwenden • Stiele in 2,5 cm dicke Scheiben schneiden (dies sind die veganen Jakobsmuscheln) • Mit einem scharfen Messer die Enden kreuzweise einschneiden

Spargel vorbereiten • Holzige Enden der Spargelstangen entfernen und die unteren Enden schälen • Stangen schräg halbieren • Beiseitelegen

Algenbutter zubereiten • Knoblauch schälen und fein hacken • Butter in einem mittelgroßen Topf bei mittlerer Temperatur zerlassen, Algenflocken und Knoblauch hineingeben und in der Butter ziehen lassen • Topf vom Herd nehmen, Spargelstücke hineingeben und mit der Butter vermengen

Haselnüsse rösten • Haselnüsse, Leinsamen und Sonnenblumenkerne auf einem Backblech verteilen, mit Öl beträufeln und 4–5 Minuten im Ofen rösten • Herausnehmen, Nüsse und Leinsamen auf einem Brett ein paar Minuten abkühlen lassen und dann die Nüsse grob hacken

Jakobsmuscheln braten • Pflanzenöl in einer ofenfesten Pfanne bei mittlerer bis hoher Temperatur erhitzen • Jakobsmuscheln hineingeben und 2–3 Minuten goldgelb braten • Wenden, die Butter hinzufügen und mit etwas Salz und Pfeffer würzen • Pfanne in den Ofen stellen und Jakobsmuscheln 5 Minuten rösten

Servieren • Die Zitrone halbieren • Spargel 2 Minuten in der Algenbutter braten • Mit Jakobsmuscheln auf Tellern anrichten, mit Algenbutter beträufeln und Nüsse und Leinsamen darüberstreuen, dann sofort mit den Zitronenstücken servieren

MOQUECA (BRASILIANISCHER FISCHEINTOPF)

Dieser brasilianische Fischeintopf enthält schöne, intensive Aromen, sodass du am liebsten gleich in den Urlaub möchtest. Serviere ihn wie ein Curry mit Reis oder in einem tiefen Teller wie eine Suppe. Wie auch immer, Moqueca ist wie Sonne im Topf.

4 PORTIONEN

FÜR DEN REIS
½ weiße Zwiebel
1 Knoblauchzehe
1 EL Olivenöl extra vergine
Salz
210 g Langkornreis

FÜR DEN EINTOPF
1 rote Zwiebel
2 Möhren
1 rote Paprika
1 gelbe Paprika
3 Knoblauchzehen
½ Jalapeño
400 g Tomaten
3 EL Kokosöl
½ TL Salz
1 EL Tomatenmark
2 TL Paprikapulver
1 TL gemahlener Kreuzkümmel
400 g Bananenblüten (Dose)
150 g vegane Garnelen
400 g Kokosmilch
250 ml Gemüsebrühe
2 Limetten
Meersalz und schwarzer Pfeffer

ZUM SERVIEREN
10 g Koriandergrün
1 Limette

Feine Reibe • Mittelgroßer Topf • Großer Topf

Reis kochen • Zwiebel schälen und würfeln • Knoblauch schälen und reiben • Olivenöl in einem mittelgroßen Topf erwärmen, Zwiebel und 1 Prise Salz hineingeben und 3–4 Minuten dünsten, bis die Zwiebel weich ist • Knoblauch dazugeben und noch 1 Minute dünsten • Reis in einem Sieb unter fließendem kaltem Wasser 1 Minute waschen • Mit 500 ml kochendem Wasser in den Topf geben, die Temperatur auf mittlere Stufe einstellen und bei halb geöffnetem Deckel 15 Minuten leicht köcheln lassen • Topf vom Herd nehmen, fest verschließen und Reis im Dampf fertig garen lassen

Gemüse für die Moqueca vorbereiten • Zwiebel und Möhren schälen und fein würfeln • Paprika halbieren, putzen und in Streifen schneiden • Knoblauch schälen und reiben • Jalapeño halbieren, von Samen befreien und würfeln • Tomaten waschen, trocknen und würfeln

Moqueca zubereiten • Kokosöl in einem großen Topf bei mittlerer Temperatur erhitzen • Gemüse (bis auf die Tomaten) sowie Salz hineingeben und unter Rühren 7–8 Minuten weich braten • Tomatenmark, Paprikapulver und Kreuzkümmel hinzufügen und 2 Minuten fortfahren • Tomaten dazugeben und 8–10 Minuten unter gelegentlichem Rühren schmoren

Moqueca fertigstellen • Bananenblüten unter kaltem Wasser abspülen und grob in mundgerechte Stücke schneiden • Mit den Garnelen in den Topf geben und Kokosmilch und Gemüsebrühe dazugießen • Temperatur herunterschalten und die Moqueca 13–15 Minuten köcheln lassen

Servieren • Die beiden Limetten halbieren und über dem Topf auspressen • Sauce mit Salz und Pfeffer abschmecken • Koriander waschen, trocken schütteln, dann die Blätter abzupfen und darüberstreuen • Reis mit einer Gabel auflockern und auf Teller verteilen, Moqueca daraufgeben und sofort mit der dritten, in Stücke geschnittenen Limette servieren

KNUSPRIGE GNOCCHI MIT SAUCE ALLA PUTTANESCA

Die Zubereitungstechnik für die Gnocchi ist wie ein Zaubertrick. Im Ernst, es ist, als würde man Teigklumpen in Goldnuggets verwandeln. Das wirst du immer wieder so machen. Und bei der Sauce, hm, wo sollen wir anfangen? Sie ist unfassbar reichhaltig, du wirst noch wochenlang von diesen Aromen träumen. Dafür werden Knoblauch und Zwiebeln gedünstet und dann mit veganem Thunfisch, Kapern, schwarzen Oliven und Tomaten püriert und lange eingekocht. Wenn wir sie dann auf knusprige Gnocchi geben, ist das einfach himmlisch – das musst du unbedingt ausprobieren!

4 PORTIONEN

FÜR DIE PUTTANESCA-SAUCE
1 Zwiebel
2 Knoblauchzehen
Olivenöl
Meersalz und schwarzer Pfeffer
1 Gemüsebrühwürfel
2 EL Kapern (in Essig)
75 g entsteinte schwarze Oliven (gute Qualität)
150 g veganer Thunfisch
1 TL getrocknete Chiliflocken (oder mehr, wenn du es schärfer haben möchtest)
400 g gehackte Tomaten (Dose)
1 EL Rosen-Harissa-Paste
1 EL Aceto balsamico
1 EL hellbrauner Zucker
2 EL Hefeflocken, plus etwas mehr zum Bestreuen
1 Handvoll Basilikumblätter

FÜR DIE GNOCCHI
500 g Kartoffelgnocchi
3 Knoblauchzehen
2 EL Olivenöl
2 EL vegane Butter
2 EL Hefeflocken
Meersalz und schwarzer Pfeffer

ZUM SERVIEREN
geröstete Pinienkerne

Backofen auf 180 °C vorheizen • Tiefer ofenfester Schmortopf • Beschichteter Topf

Puttanesca-Sauce zubereiten • Zwiebel und Knoblauch schälen und sehr fein würfeln • Einen tiefen Schmortopf bei mittlerer Temperatur erhitzen und etwas Olivenöl hineingeben • Wenn es warm ist, Zwiebel, Knoblauch und 1 Prise Salz hinzufügen • Gut umrühren und 5–10 Minuten weich dünsten • Brühwürfel in 200 ml kochendem Wasser auflösen • Kapern und Oliven abtropfen lassen und fein hacken, dann in den Topf geben • Thunfisch hinzufügen und mit einem Holzlöffel zerkleinern • Chiliflocken untermischen und alles 1 Minute garen • Gehackte Tomaten, Harissa, Brühe, Balsamico und Zucker untermischen • Zum Kochen bringen, dann den Topf in den Ofen stellen und die Sauce schmoren, während die Gnocchi zubereitet werden (am besten zwischen 15–30 Minuten)

Gnocchi kochen • Wasser in einem beschichteten Topf zum Kochen bringen, Gnocchi hineingeben und gemäß der Packungsanweisung kochen (bis sie aufsteigen) • In einem Sieb abtropfen lassen und beiseitestellen

Gnocchi braten • Knoblauch schälen und grob hacken • Den Topf, in dem die Gnocchi gekocht wurden, abtrocknen, wieder bei hoher Temperatur erhitzen und Olivenöl und Butter hineingeben • Butter schmelzen lassen, dann Knoblauch hineingeben und in der Butter ziehen lassen • Abgetropfte Gnocchi untermischen • Gnocchi unter gelegentlichem Rühren von allen Seiten goldgelb und knusprig braten • Dann überschüssiges Öl abgießen – dafür den Topf etwas kippen und das Öl mit einem Löffel abnehmen • Hefeflocken sowie etwas Salz und Pfeffer unterrühren • Alles schön miteinander vermischen

Fertigstellen • Basilikum waschen, trocken schütteln und die Blätter in dünne Streifen schneiden • Topf mit der Sauce aus dem Ofen nehmen und diese mit Salz und Pfeffer würzen • Basilikum (etwas zurückbehalten), Hefeflocken und zwei Drittel der Gnocchi einrühren – wenn die Sauce zu dick ist, etwas Wasser angießen

Servieren • Sauce auf Servierteller verteilen und restliche Gnocchi daraufgeben • Mit gehacktem Basilikum, Pinienkernen, Hefeflocken und gemahlenem Pfeffer bestreuen • Sofort servieren

ULTIMATIVE FISCHSUPPE

Eine glatte Suppe ist wunderbar, aber wenn du eine mit Einlage haben möchtest, ändert sich die Sache. Etwas Biss hier, etwas Knuspriges dort – dieses Rezept hat das Potenzial, dich von den Socken zu hauen. Wenn du cremigen, buttrigen, seidigen Geschmack magst und nichts gegen etwas rauchiges Aroma hast, dann hast du hier den Jackpot geknackt.

2 PORTIONEN ALS HAUPTSPEISE, 4 ALS KLEINE VORSPEISE

1 Zwiebel
3 Stangen Staudensellerie
25 g vegane Butter
2 EL Mehl
500 ml Gemüsebrühe
500 ml ungesüßter Sojadrink
200 g Frühkartoffeln
200 g Räuchertofu
120 g Champignons
200 g TK-Mais
3 EL Nori-Flocken (nach Belieben mehr, zum Würzen)
schwarzer Pfeffer
Olivenöl
ein paar Tropfen flüssiges Raucharoma zum Abschmecken (nach Belieben)
geräuchertes Meersalz

ZUM SERVIEREN

2 Frühlingszwiebeln
1 Bund glatte Petersilie
1 Zitrone

Großer Topf • Messbecher • Pfanne

Gemüse vorbereiten und kochen • Zwiebel schälen und würfeln • Sellerie putzen und würfeln, dabei mögliche Fasern entfernen • Butter in einem großen Topf bei mittlerer Temperatur erhitzen, Zwiebel und Sellerie etwa 7 Minuten weich dünsten • Mehl dazugeben und 1–2 Minuten unter Rühren anschwitzen

Brühe zubereiten • Nach und nach Brühe und Sojadrink dazugießen, dabei rühren, damit sich keine Klümpchen bilden • Suppe zum Köcheln bringen • Währenddessen Kartoffeln schälen, vierteln und dazugeben (nach Belieben die Schale dranlassen) • Suppe mit Kartoffeln 15–17 Minuten kochen, bis die Kartoffeln weich sind

Tofu und Pilze vorbereiten • Wasser aus der Tofu-Packung in die Suppe gießen, dann den Tofu in kleine Stücke reißen • Stiele aus den Pilzen lösen und Pilzköpfe halbieren • Tofu, Mais, Nori-Flocken und 1 kräftige Prise Pfeffer in den Topf geben und 5 Minuten köcheln lassen • Währenddessen etwas Olivenöl in einer Pfanne bei mittlerer Temperatur erhitzen, Pilze hineingeben und 5 Minuten braten • Mit Salz, Pfeffer und nach Belieben mit etwas Raucharoma würzen

Servieren • Pilze in die Suppe rühren • Mit geräuchertem Salz abschmecken • Frühlingszwiebeln putzen und in feine Ringe schneiden • Die Petersilie waschen, trocken schütteln, die Blätter abzupfen und hacken • Zitrone vierteln • Suppe auf Teller verteilen, mit Frühlingszwiebeln und Petersilie garnieren und mit einem Stück Zitrone servieren

HUMMERBRÖTCHEN

Stell dir ein Krabben-Sandwich mit Superpower vor, genau das haben wir hier! Vollgepackt, mit samtiger Sauce, köstlich fleischigem Hummer und knackigem Salat in einem goldbraunen Hotdog-Brötchen. Das klingt fantastisch, sieht gut aus und – vertrau' uns – schmeckt richtig, richtig gut.

4 PORTIONEN

FÜR DEN HUMMER
1 Zitrone
1 EL Cajun-Gewürz
2 EL Olivenöl
Meersalz und schwarzer Pfeffer
820 g Palmenherzen (Dose)

FÜR DIE SAUCE
1 Zitrone
1 Stange Staudensellerie
2 Schalotten
3 Stängel Dill
90 g vegane Mayonnaise
1 TL Nori-Flocken
Meersalz

ZUM SERVIEREN
4 vegane Hotdog-Brötchen
vegane Butter zum Bestreichen
1 Romanasalatherz
schwarzer Pfeffer

Pfanne

Palmenherzen vorbereiten • Zitrone halbieren und Saft in eine Schüssel pressen, dabei Kerne mit der freien Hand auffangen • Cajun-Gewürz, 1 EL Olivenöl und je 1 Prise Salz und Pfeffer unterrühren • Palmenherzen unter fließendem kaltem Wasser abspülen • Auf einem Schneidebrett grob mundgerecht hacken • In eine Schüssel geben und alles vorsichtig vermischen • Restliches Olivenöl in einer Pfanne bei mittlerer Temperatur erhitzen • Marinierte Palmenherzen hineingeben und 5 Minuten braten, bis sie auf beiden Seiten dunkel werden • Dann in eine Schüssel geben und zum Abkühlen beiseitestellen

Sauce zubereiten • Zitrone halbieren und eine Hälfte in eine Schüssel pressen, dabei Kerne mit der freien Hand auffangen • Sellerie putzen und sehr fein würfeln • Schalotten schälen und sehr fein würfeln • Dill waschen, trocken schütteln, die Spitzen von den Stängeln zupfen und fein hacken • Mayo, Sellerie, Schalotten, Dill, Nori-Flocken und 1 Prise Salz mit dem Zitronensaft vermischen

Beides mischen • Sauce zu den Palmenherzen gießen und sorgfältig damit vermischen • Die Schüssel in den Kühlschrank stellen

Restliche Zutaten zubereiten • Hotdog-Brötchen halbieren und toasten • Dann beide Seiten mit Butter bestreichen • Salat waschen, trocken tupfen und in Streifen schneiden

Brötchen zusammensetzen • Hotdog-Brötchen mit Salat und Hummer füllen • Mit etwas schwarzem Pfeffer bestreuen und sofort servieren

TOSKANISCHER THUNFISCH-NUDELSALAT

Es ist sehr wahrscheinlich, dass dieses Gericht den Weg in dein Alltags-Rezept-Repertoire findet, denn es ist leicht, einfach und extrem lecker. Wir machen davon meist eine sehr große Menge, weil es sich perfekt als Lunch zum Mitnehmen für den nächsten Tag eignet. Es schmeckt auch mit einem Klecks Hummus großartig. Es versteht sich von selbst, dass es umso besser schmeckt, je besser die Oliven sind. Wir mögen die großen, fetten, die man auf den Märkten bekommt.

4 PORTIONEN

Salz
300 g kurze Nudeln (kleine Makkaroni oder Radiatori)
1 rote Zwiebel
12 große grüne Oliven
240 g kleine Flaschentomaten
1 Stange Staudensellerie
400 g Borlotti-Bohnen (Dose)
150 g veganer Thunfisch
Olivenöl extra vergine
30 glatte Petersilie
½ Zitrone
Meersalz und schwarzer Pfeffer

Großer Topf

Nudeln kochen • In einem großen Topf 2 l Wasser bei hoher Temperatur zum Kochen bringen und 1 kräftige Prise Salz hineinstreuen • Nudeln dazugeben und gemäß der Packungsanweisung al dente kochen (etwa 8–9 Minuten), dann in ein Sieb abgießen und beiseitestellen

Salatzutaten vorbereiten • Rote Zwiebel schälen, in feine Streifen schneiden und in kaltem Wasser einweichen • Oliven halbieren, entsteinen und in dicke Scheiben schneiden • Tomaten waschen und vierteln • Sellerie putzen und in dünne Scheiben schneiden • Borlotti-Bohnen abwaschen und abtropfen lassen

Salat fertigstellen • Zwiebel abtropfen lassen und in eine Salatschüssel geben • Bohnen, Tomaten, Oliven und Sellerie hinzufügen und alles vermengen • Thunfisch zerpflücken und mit einem kräftigen Schuss Olivenöl und den Nudeln vorsichtig untermischen • Petersilie waschen, trocken schütteln, die Blätter abzupfen und fein hacken (einige zum Garnieren zur Seite legen) • Zitrone über der Schüssel auspressen, dabei Kerne mit der freien Hand zurückhalten • Petersilie darüberstreuen und alles vermischen • Mit Salz und Pfeffer abschmecken

Servieren • Salat auf Teller verteilen, mit Petersilie garnieren und sofort servieren

GARNELEN-MALAI

Wenn du uns schon länger kennst, wirst du gemerkt haben, dass wir Curry lieben. Wir haben indische Currys wie Bhuna, Jalfrezi, Madras und Rogan Josh gekocht, aber noch nie ein Malai-Curry. Daher dachten wir, dass es höchste Zeit ist, diesen bengalischen Klassiker hier aufzunehmen. Er hat schöne Aromen, eine tolle cremige Textur und sieht fantastisch aus. Ein rundum Tipptopp-Curry, das dir bestimmt genauso gut schmeckt wie uns!

4 PORTIONEN

FÜR DIE GARNELEN
2 EL Pflanzenöl
1 TL gemahlene Kurkuma
1 TL Knoblauchpulver
Meersalz
400 g vegane Garnelen

FÜR DIE CURRYPASTE
2 Zwiebeln
6 Knoblauchzehen
2,5 cm frischer Ingwer
4 grüne Kardamomkapseln
2 Lorbeerblätter
5 cm lange Zimtstange
2 Gewürznelken oder ½ TL gemahlene Nelken
1 grüne Chilischote
neutrales Pflanzenöl

FÜR DEN REIS
300 g Basmatireis
½ TL feines Meersalz

FÜR DIE CURRYSAUCE
2 EL Pflanzenöl
2 EL Garam Masala
2 TL rotes Chilipulver
1 TL gemahlene Kurkuma
2 TL gemahlener Zimt
2 EL hellbrauner Zucker
400 g Kokosmilch
100 g veganer Joghurt
Salz
2 EL veganes Ghee oder Butter

FÜR DEN KACHUMBER (INDISCHER SALAT)
2 Tomaten
½ Salatgurke
½ rote Zwiebel
2 Stängel Koriandergrün
2 Stängel Minze
½ TL schwarzer Pfeffer
½ TL gemahlener Kreuzkümmel
½ TL gemahlener Koriander
½ Zitrone

ZUM SERVIEREN
vegane Crème double
frischer Koriander

Pfanne • Leistungsstarker Standmixer • Mittelgroßer Topf

Garnelen vorbereiten • Öl, Kurkuma-, Knoblauchpulver und 1 TL Salz in eine Schüssel geben • Mit den Garnelen vermischen und beiseitestellen

Currypaste zubereiten • Zwiebeln schälen und vierteln, Knoblauch und Ingwer schälen • Samen aus den Kardamomkapseln lösen • Eine Pfanne ohne Fett bei mittlerer Temperatur erhitzen, alle Gewürze hineingeben und 2 Minuten unter regelmäßigem Rühren rösten, bis sie duften • In einen Standmixer geben und zu Pulver zerkleinern • Zwiebel, Knoblauch, Ingwer, Chili und Öl dazugeben und alles zu einer Paste verarbeiten, dabei nach Bedarf einen Schuss Wasser hinzufügen

Reis kochen • Reis in einem Sieb 1 Minute unter kaltem, fließendem Wasser waschen • In einen mittelgroßen Topf geben, 300 ml kaltes Wasser und Salz dazugeben • Topfdeckel auflegen und bei hoher Temperatur zum Kochen bringen • Wenn das Wasser zu kochen beginnt, die Temperatur auf niedrige Stufe herunterschalten und den Reis zugedeckt 12 Minuten kochen • Dann den Topf vom Herd nehmen und den Reis zugedeckt im Dampf fertig garen lassen

Currysauce zubereiten • Pflanzenöl in derselben Pfanne, in der die Gewürze geröstet wurden, bei mittlerer Temperatur erhitzen • Currypaste darin etwa 5 Minuten rösten, bis sie duftet und goldbraun ist • Garnelen 2–3 Minuten darin anschwitzen, sodass sie das Aroma annehmen (oder nach Packungsanweisung kochen), dann herausnehmen und zur Seite stellen • Garam Masala, Chilipulver, Kurkuma, Zimt und Zucker unterrühren, dann Kokosmilch, Joghurt und 100 ml Wasser dazugießen • Salzen, die Temperatur herunterschalten und 5–7 Minuten dicklich einkochen • Ghee oder Butter untermischen – die Sauce sollte gehaltvoll und cremig werden • Gegarte Garnelen unterrühren und anschließend die Pfanne vom Herd nehmen

Kachumber zubereiten • Tomaten, Gurke und rote Zwiebel waschen bzw. die Zwiebel schälen, in gleich große Stücke schneiden • Koriander und Minze waschen, trocken schütteln und fein hacken • Alles in einer Schüssel vermischen und mit Salz würzen, dann Pfeffer, Kreuzkümmel und Koriander hinzufügen und den Zitronensaft dazupressen

Servieren • Reis und Garnelen-Malai in eine Schüssel geben, mit Kachumba anrichten und mit etwas veganer Crème double beträufeln • Koriander waschen, trocken schütteln, hacken, darüberstreuen und sofort servieren

SPECK-FISCH-FRIKADELLEN MIT MINZIGEM ERBSENPÜREE UND ZITRONEN-HOLLANDAISE

Wenn du Gäste zum Abendessen einlädst und ihnen etwas Besonderes bieten willst, könnte das hier genau das Richtige sein. Es sieht toll aus, schmeckt fantastisch, ist schön herzhaft, aber nicht zu schwer, und passt gut zu einem guten Glas Weißwein. Schickes Gastro-Kneipen-Essen für zu Hause – klingt für uns einfach super!

4 PORTIONEN

FÜR DIE ZITRONEN-HOLLANDAISE

- 200 g ungesalzene Cashewkerne
- 1 ½ Zitronen
- 2 EL Hefeflocken
- ½ TL gemahlene Kurkuma
- ½ TL Meersalz
- ½ TL Dijon-Senf

FÜR DIE SPECK-FISCH-FRIKADELLEN

- 300 g Kartoffeln (Sorte Charlotte)
- 1 TL Meersalz
- 2 Scheiben veganer Speck
- 6 Frühlingszwiebeln
- 10 g Schnittlauch
- 20 g glatte Petersilie
- 2 Bio-Zitronen
- 3 EL Henderson's Relish (vegane Worcestershire-Sauce)
- 4 EL Panko (japanische Semmelbrösel), plus etwas mehr zum Panieren
- 300 g veganer Thunfisch
- 120 g vegane Sahne
- 3 EL Pflanzenöl

FÜR DAS MINZIGE ERBSENPÜREE

- 3 Knoblauchzehen
- 2 Schalotten
- 2 EL Pflanzenöl
- 250 g TK-Erbsen
- 250 g TK-Bohnen
- 10 g Minzeblätter
- 6 EL vegane Sahne
- ½ TL Meersalz

ZUM SERVIEREN

- 1 Handvoll Schnittlauch
- 1 große Handvoll Brunnenkresse
- etwas Zitronensaft

Hitzebeständige Schale • 2 Töpfe • Kastenreibe • Leistungsstarker Standmixer • Große Pfanne

Cashewkerne vorbereiten • Cashewkerne in eine hitzebeständige Schale geben und mit 300 ml kochendem Wasser bedecken • 30 Minuten darin einweichen lassen

Kartoffeln kochen • Kartoffeln schälen, halbieren, mit Salz in einen Topf geben, mit Wasser bedecken und bei hoher Temperatur zum Kochen bringen, dann die Temperatur herunterschalten und 18–20 Minuten weich kochen • Abtropfen, ein paar Minuten abkühlen lassen und mit einer Gabel zerkleinern

Zutaten für die Fischfrikadellen vorbereiten • Speck würfeln • Frühlingszwiebeln putzen und in feine Ringe schneiden, Schnittlauch waschen, trocken schütteln und fein hacken • Petersilie waschen, trocken schütteln, die Blätter abzupfen und in feine Streifen schneiden • Schale der Zitronen fein abreiben

Fischfrikadellen formen • Speck, Frühlingszwiebeln, Petersilie, Zitronenschale, Henderson's Relish und Semmelbrösel zu den Kartoffeln geben, Thunfisch zerpflücken und mit allen Zutaten vermengen • Sahne langsam dazugeben und untermengen • Masse zu 12 Frikadellen formen und für etwa 30 Minuten in den Kühlschrank legen, damit sie fest werden

Erbsenpüree zubereiten • Knoblauch und Schalotten schälen und fein würfeln • Öl in einem Topf bei mittlerer Temperatur erhitzen, Knoblauch und Schalotten hineingeben und 3–5 Minuten weich dünsten • 100 ml kochendes Wasser, TK-Erbsen und -Bohnen hinzufügen und 2 Minuten leise köcheln lassen • Vom Herd nehmen und ein paar Minuten abkühlen lassen • Alles mit der Minze, Sahne und Salz im Standmixer per Pulse-Funktion pürieren • Dabei dürfen noch kleine Stückchen in der Masse bleiben • In eine Schüssel umfüllen und den Mixer reinigen

Sauce zubereiten • Zitronen über dem Mixer auspressen, Cashewkerne und etwas von dem Einweichwasser mit Hefeflocken, Kurkuma, Salz und Senf hinzufügen • Zu einer glatten Masse verarbeiten, gegebenenfalls noch etwas Wasser dazugeben

Fischfrikadellen fertigstellen • Frikadellen aus dem Kühlschrank nehmen und einzeln in Semmelbröseln wälzen, dabei darauf achten, dass sie gänzlich bedeckt sind • Pflanzenöl in einer Pfanne bei mittlerer Temperatur erhitzen • Frikadellen vorsichtig hineinlegen und etwa 4 Minuten von jeder Seite goldbraun und knusprig braten (je nach Größe der Pfanne eventuell portionsweise vorgehen)

Servieren • Schnittlauch waschen, trocken schütteln und fein hacken • Püree auf Teller geben • Jeweils 3 Fischfrikadellen darauflegen, mit Brunnenkresse anrichten, mit Schnittlauch garnieren und etwas Zitronensaft darüberträufeln • Sofort mit der Sauce dazu servieren

GARNELEN-LINGUINE MIT KNOBLAUCH-CIABATTA

Dieses Gericht ist ein echter Leckerbissen. Es hat Biss, Schwung, Schärfe, Süße und macht richtig satt. Die Pasta schmeckt nicht nur köstlich, sondern sieht auch richtig gut aus, wenn man alles sorgfältig und kunstvoll anrichtet. Damit kannst du definitiv deine Freund*innen beeindrucken!

4 PORTIONEN

FÜR DIE CIABATTA

1 Knoblauchknolle
Meersalz und schwarzer Pfeffer
15 g glatte Petersilie
50 g vegane Butter
1 große Ciabatta
Hefeflocken (optional)

FÜR DIE NUDELN

Meersalz und schwarzer Pfeffer
240 g kleine Flaschentomaten
1 Zwiebel
4 Knoblauchzehen
2 rote Chilischoten
30 g glatte Petersilie
400 g Linguine (oder 500 g, wenn man die Ciabatta weglässt)
Olivenöl
20 vegane Garnelen
200 ml veganer Weißwein
100 g passierte Tomaten
50 g Rucola
½ Zitrone
Nori-Flocken (optional)

Backofen auf 180 °C vorheizen • Standmixer • Backblech, mit Backpapier belegt • Großer Topf • Feine Reibe • Zange • Große Pfanne

Knoblauchbrot zubereiten • Oberseite der Knoblauchknolle abschneiden, die Knolle in Alufolie wickeln, dabei 1 kräftige Prise Salz hineingeben, und 20–25 Minuten im Ofen backen • Dann herausnehmen, abkühlen lassen und die weichen Zehen in einen Mixer drücken, Petersilie und Butter hinzufügen und pürieren • Mit Salz und Pfeffer abschmecken • Ciabatta halbieren und mit Knoblauchbutter bestreichen • Auf Backpapier 10–15 Minuten im Ofen backen

Nudelwasser vorbereiten • Salzwasser in einem großen Topf zum Kochen bringen

Gemüse und Kräuter vorbereiten • Tomaten waschen und halbieren • Zwiebel schälen und würfeln • Knoblauch schälen und reiben • Chilis fein würfeln • Petersilie waschen, trocken schütteln und hacken

Nudeln kochen • Nudeln ins Wasser geben, dabei so drehen, dass sie im Topf wie eine Sanduhr aussehen, und gemäß der Packungsanweisung kochen

Sauce zubereiten • Olivenöl in einer großen Pfanne bei mittlerer Temperatur erhitzen, Zwiebel, Chilis und Knoblauch hineingeben und ein paar Minuten dünsten • Garnelen und Tomaten hinzufügen und 2 Minuten mitbraten • Mit Weißwein ablöschen, passierte Tomaten dazugeben und die Flüssigkeit auf zwei Drittel einkochen • Wenn die Sauce zu dick wird, mit ein paar Löffeln Nudelwasser verlängern

Gericht fertigstellen • Fertig gekochte Nudeln mit einer Zange aus dem Wasser nehmen und in die Pfanne geben • Die Hälfte des Rucola und der gehackten Petersilie darüberstreuen, mit Salz und Pfeffer würzen, die halbe Zitrone darüber auspressen und alles vermengen • Nudeln auf 4 große Pastateller verteilen, mit Petersilie, restlicher Rucola und etwas Nori-Flocken bestreuen • Knoblauchbrot auf Teller legen und mit Hefeflocken bestreuen, sofort mit den Nudeln servieren

PO'BOY-GARNELEN-SANDWICH

Es gibt Sandwiches und es gibt Sandwiches. Dies IST ein Sandwich. Tatsächlich könnte es DAS Sandwich sein. Knusprig und cremig, frisch und sättigend. Mehr kann man nicht von einem Sandwich erwarten. Serviere es mit goldgelben Pommes, kaltem Bier und schöner Sonne, um deine erste Po'Boy-Erfahrung zu steigern!

4 PORTIONEN

FÜR DIE CAJUN-GEWÜRZMISCHUNG

2 ½ TL Paprikapulver
2 TL Meersalz
2 TL Knoblauchpulver
1 ¼ TL getrockneter Oregano
1 ¼ TL getrockneter Thymian
1 TL gemahlener schwarzer Pfeffer
1 TL Zwiebelpulver
1 TL Cayennepfeffer
½ TL getrocknete Chiliflocken

FÜR DIE REMOULADE

1 Knoblauchzehe
300 g vegane Mayonnaise
60 g Dijon-Senf
1 EL Paprikapulver
2 TL Cajun-Gewürzmischung (oben)
2 TL Wasabi-Paste
1 TL Gewürzgurkensud (Glas)
1 TL Chilisauce nach Louisiana-Art

FÜR DIE GARNELEN

Meersalz und schwarzer Pfeffer
600 g vegane Garnelen
180 g Mehl
120 g feine Polenta
250 g veganer Joghurt
1 l Pflanzen- oder Sonnenblumenöl

ZUM SERVIEREN

4 Baguettebrötchen
1 Fleischtomate
1 großes Salatherz (oder 2 kleine)
4 Gewürzgurken
scharfe Sauce

Feine Reibe • Schneebesen • Backblech, mit Backpapier ausgelegt • Großer Topf • Schaumlöffel • Thermometer

Cajun-Gewürzmischung zubereiten • Alle Gewürze in einer Schale vermischen und zur Seite stellen (am besten keine alten Gewürze aus der hinteren Regalecke verwenden, sie haben oft kein Aroma mehr)

Remoulade zubereiten • Knoblauch schälen und in eine Schüssel reiben • Restliche Zutaten hinzufügen und verquirlen • Bis zum Servieren in den Kühlschrank stellen

Garnelen zubereiten • Garnelen in eine Schüssel geben und mit Salz und Pfeffer würzen • In einer separaten Schüssel Mehl und Polenta mischen und zur Seite stellen • Joghurt in einer Schale mit 3 EL Cajun-Gewürz anrühren • Garnelen hineintunken, überschüssigen Joghurt abschütteln, dann in der Mehlmischung wälzen, dabei rundum bedecken • Auf ein mit Backpapier belegtes Backblech legen • Pflanzenöl in einen großen Topf geben und bei mittlerer Temperatur erhitzen

Restliche Zutaten vorbereiten • Brötchen halbieren und etwas aushöhlen • Tomate waschen und in Scheiben schneiden • Salat waschen, trocken tupfen, putzen und in Streifen schneiden • Gurken in Scheiben schneiden • Dann Brot mit der Remoulade bestreichen und mit Salat, Tomaten- und Gurkenscheiben füllen

Garnelen frittieren • Öltemperatur prüfen (sie sollte 180 °C betragen) und die Garnelen portionsweise 2–3 Minuten knusprig und schön braun frittieren, mit einem Schaumlöffel herausnehmen und auf Küchenpapier abtropfen lassen • Vor jedem neuen Frittiervorgang prüfen, ob das Öl 180 °C heiß ist • Zum Schluss die Po'Boys mit Garnelen füllen und mit zusätzlicher Remoulade und etwas scharfer Sauce servieren

MEERESFRÜCHTE-PAELLA

Bei Paella kann man leicht etwas falsch machen, daher haben wir viel Zeit darauf verwendet, sie richtig gut hinzubekommen. Mit am besten bei einer guten Paella ist, dass jede Gabel davon anders als die vorherige ist. Ein Hauch von Frische, ein Touch Spritzigkeit, eine Fülle von Aromen ... Es ist ein Regenbogen von Geschmäcken, und wir drücken dir und deiner Familie die Daumen, dass ihr sie ebenso mögt wie wir.

4 PORTIONEN

500 g Paella-Reis

FÜR DEN CALDO (PAELLA-BRÜHE)

2 Möhren
1 Zwiebel
1 mittelgroßer Bund Mangold
100 g grüne Bohnen
2 Zweige Rosmarin
Olivenöl
1 EL süßes geräuchertes Paprikapulver
2,5 l Gemüsebrühe

FÜR DAS TOMATEN-CONFIT

4 große Tomaten
200 ml Olivenöl
1 Prise Safranfäden
½ TL süßes Paprikapulver
Meersalz

FÜR DAS TOPPING

4 Braune Kräuterseitlinge
400 g Bananenblüten (Dose)
250 g grüner Spargel
8 vegane Garnelen

Topf • Pfanne • Sieb • Große Pfanne oder Paella-Pfanne (möglichst 40 cm Durchmesser) • Holzlöffel • Messbecher • Kelle

Caldo zubereiten • Möhren und Zwiebel schälen und in dünne Scheiben schneiden • Mangold und Bohnen waschen, abtropfen lassen und grob hacken • Den Rosmarin waschen, trocken schütteln, die Nadeln abzupfen und fein hacken • Etwas Olivenöl in einem Topf bei mittlerer Temperatur erhitzen, Zwiebel und Möhren 3–4 Minuten darin dünsten • Paprika und Brühe hinzufügen • Mangold, Rosmarin und Bohnen dazugeben und alles bei niedriger Temperatur 30 Minuten köcheln lassen • Vom Herd nehmen und ziehen lassen

Tomaten-Confit zubereiten • Tomaten waschen und grob hacken • Olivenöl in einer Pfanne bei mittlerer Temperatur erhitzen • Tomaten, Safran, Paprikapulver und 1 kräftige Prise Salz dazugeben, umrühren und etwa 30 Minuten köcheln lassen, bis die Flüssigkeit eingekocht ist • Tomaten durch ein Sieb in eine Schüssel streichen, um Öl und Tomaten zu trennen • Tomaten in eine andere Schüssel geben und beides erst einmal beiseitestellen

Paella zubereiten • 80 ml von dem aufgefangenen Tomatenöl in einer großen Pfanne oder Paella-Pfanne bei mittlerer Temperatur erhitzen, Paella-Reis und 100 g Tomaten-Confit hineinrühren • Die Hälfte des Caldo mit einer Kelle durch ein Sieb dazugeben, damit Feststoffe zurückbleiben • Wenn der Reis von Caldo bedeckt ist, bei mittlerer bis hoher Temperatur 10 Minuten kochen

Toppings vorbereiten • Pilze putzen, in 1 cm dicke Scheiben schneiden und oben mit einem scharfen Messer kreuzweise einschneiden • Bananenblüten abtropfen lassen, abspülen und dann in mundgerechte Stücke schneiden • Spargel putzen und holzige Enden schräg abschneiden • Die Toppings (einschließlich der Garnelen) in einer Pfanne im restlichen Tomatenöl bei mittlerer Temperatur 2–3 Minuten braten (oder bis die Garnelen gar sind, siehe Packungsanweisung)

Paella fertigstellen und servieren • Pilzstücke, Bananenblüten, Garnelen und Spargel würzen, etwas davon in die Paella rühren, den Rest darauflegen • Nach und nach etwas vom restlichen Caldo mit der Kelle über die Paella geben, bis die Flüssigkeit aufgesaugt, der Caldo verbraucht und der Reis gar ist – das dauert etwa 10 Minuten • Paella auf Teller geben und sofort servieren

BAJA-FISCH-TACOS

Wir haben Meriel Armitage kurz nach Gründung von BOSH! kennengelernt. Sie hatte gerade einen kleinen Streetfood-Laden namens Club Mexicana eröffnet. Wir fanden ihr Essen klasse und haben im Laufe der Jahre freudig festgestellt, wie sich ihr Laden nach und nach von einem Steetfood-Stand auf Food-Märkten über ein Pop-up-Restaurant und einen Festival-Food-Truck zu einem festen Restaurant in Kingly Court direkt bei der Carnaby Street im Zentrum von London entwickelt hat. Dieses Rezept ist eine Hommage an Meriel und unser Lieblingsgericht auf der Speisekarte von Club Mexicana. Köstlich, köstlich, köstlich!

ERGIBT 8 STÜCK, 4 PORTIONEN

FÜR DEN KRAUTSALAT

150 g Rotkohl
150 g Weißkohl
40 g Zwiebeln
8 g frische Jalapeños
120 ml Weißweinessig
1 TL feiner Zucker
1 kräftige Prise getrockneter Oregano
schwarzer Pfeffer
Meersalz

FÜR DEN FISCH

280 g extra fester Tofu
1 TL getrockneter Oregano
1 EL Nori-Pulver
1 Limette
Meersalz und schwarzer Pfeffer
3 Nori-Blätter
Pflanzenöl, zum Braten

FÜR DEN TEIG

170 g Mehl, plus etwas mehr zum Bestäuben
10 g Trockenhefe
¼ TL geräuchertes Paprikapulver
¼ TL Knoblauchpulver
¼ TL Zwiebelpulver
275 ml veganes Lager-Bier, zimmerwarm

FÜR DIE CHIPOTLE-MAYO

2 Limetten
1 Knoblauchzehe
200 g vegane Mayonnaise
1 EL Chipotle-Paste
Meersalz zum Würzen

Einmachglas • Küchenpapier • Schneebesen • Großer Topf • Schaumlöffel • Backblech, mit Backpapier ausgelegt • Thermometer

Krautsalat zubereiten • Rot- und Weißkohl waschen und in Streifen schneiden • Zwiebel schälen und in feine Streifen schneiden • Jalapeños fein würfeln • Kohl, Zwiebel, Jalapeños, Essig, Zucker, 180 ml Wasser, Oregano und je 1 Prise Pfeffer und Salz in ein Einmachglas geben, mit einem Deckel verschließen, schütteln und 30 Minuten ziehen lassen

Tofu marinieren • Tofu abtropfen lassen und mit Küchenpapier trocken tupfen • In 1,5 cm dicke Streifen schneiden und in eine Schüssel legen • Mit Oregano und Nori-Pulver bestreuen, Limette halbieren und den Saft darüber auspressen, etwas Salz und Pfeffer hinzufügen und alles verrühren, dann ca. 1 Stunde marinieren

Fisch zubereiten • Nori-Blätter in so große Stücke schneiden, dass man sie um die Tofu-Streifen wickeln kann • Ein Nori-Stück auf die Arbeitsfläche legen, einen Tofu-Streifen an die untere Kante darauflegen und einrollen (Nori-Blatt leicht anfeuchten, wenn es brüchig ist) • Mit den anderen Tofu-Streifen ebenso verfahren

Teig zubereiten • Alle trockenen Zutaten in einer Schüssel verrühren • Das Bier damit verquirlen, dann den Teig zur Seite stellen und gehen lassen

Chipotle-Mayo zubereiten • Limetten halbieren und den Saft in eine Schüssel pressen • Knoblauch schälen und pressen, mit den restlichen Zutaten zum Limettensaft geben • Alles miteinander verquirlen, eventuell mit etwas Wasser verdünnen • Die Mayo in den Kühlschrank stellen

Öl erhitzen • Nach und nach das Öl in einem großen Topf bei hoher Temperatur erhitzen, sodass die Tofu-Stücke darin frittiert werden können; mit dem Stiel eines Holzlöffels prüfen, ob sich Bläschen darum bilden und es heiß ist (etwa 180 °C)

Währenddessen die Pico de Gallo zubereiten • Rote Zwiebel schälen, die Tomate waschen, häuten und beides fein würfeln • Frühlingszwiebel putzen und schräg in dünne Ringe schneiden • Koriander waschen, trocken schütteln, die Blätter von den Stängeln zupfen und fein hacken • Jalapeño halbieren, Samen entfernen und fein würfeln • Alles in eine Schale geben, Limette(n) halbieren und den Saft dazupressen, salzen und alles vermischen

FÜR DIE PICO DE GALLO
1 kleine rote Zwiebel
1 große Tomate
1 große Frühlingszwiebel
½ Bund Koriandergrün
1 Jalapeño
1–2 Limetten
Meersalz

FÜR DIE TACOS
8 Mais-Tortillas
scharfe Sauce

Tortillas zubereiten • Tortillas 5 Sekunden in der Mikrowelle erwärmen, mit einem Tuch abdecken und beiseitestellen

Tofu frittieren • Tofu-Stücke mit Mehl bestäuben und auf ein mit Backpapier belegtes Backblech legen • Prüfen, ob das Öl eine Temperatur von 180 °C erreicht hat • Tofu-Stücke in den Teig tauchen und portionsweise (3–4 Stück) 2–5 Minuten (je nachdem, wie dick sie sind) rundum goldbraun und knusprig frittieren • Mit einem Schaumlöffel herausnehmen, dabei das Öl etwas abtropfen lassen • Auf einen Teller legen und mit etwas Salz bestreuen

Tacos zusammensetzen • Etwas Krautsalat mittig auf einen Taco geben, ein Tofu-Stück darauflegen, mit Chipotle-Mayo beträufeln und Pico de Gallo daraufgeben, dann mit scharfer Sauce beträufeln und sofort servieren • Wiederholen, bis alle Zutaten aufgebraucht sind

KÄSE

BLUMENKOHL-SPECK-AUFLAUF

Mit viel Käse, etwas Raucharoma und genau der richtigen Menge Salz. Dieses tolle Blumenkohl-Rezept eignet sich prima als Beilage oder auch als Hauptspeise mit etwas gedämpftem Gemüse dazu. Die Sauce schmeckt intensiv nach Käse, sie schmilzt über dem Blumenkohl und Speck und bildet eine schön cremige Schicht, die mit knusprigen Semmelbröseln bedeckt wird. Ein perfektes Veggie-Essen! Darauf wirst du sicher immer wieder zurückgreifen.

4 PORTIONEN ALS HAUPTSPEISE, 6 ALS BEILAGE

FÜR DIE SPECKSCHICHT
1 Zwiebel
2 Knoblauchzehen
Olivenöl
Meersalz
240 g veganer Speck

FÜR DEN BLUMENKOHL
2 kleine Blumenkohl (oder 1 sehr großer)
Olivenöl
Meersalz und schwarzer Pfeffer

FÜR DIE SAUCE
100 g vegane Butter
100 g Tapiokamehl
100 g Hefeflocken
100 g vegane Sahne
1 EL Dijon-Senf
600 ml ungesüßter Mandeldrink
Meersalz
1 Zitrone

FÜR DAS TOPPING
2 Scheiben Brot (am besten Sauerteigbrot)
2 EL Hefeflocken
2 EL Olivenöl
Meersalz und schwarzer Pfeffer
2 Frühlingszwiebeln

Backofen auf 190 °C vorheizen • Große Pfanne • Große Auflaufform • Schneebesen • Standmixer

Speckschicht zubereiten • Zwiebel schälen und in dünne Ringe schneiden, Knoblauchzehen schälen und fein würfeln • Etwas Olivenöl in einer großen Pfanne bei mittlerer Temperatur erhitzen • Zwiebel, Knoblauch und 1 kleine Prise Salz hineingeben • Gut umrühren und 5–10 Minuten dünsten, bis die Zwiebel weich ist • Speck klein würfeln und dazugeben • Umrühren und weitere 5 Minuten dünsten

Blumenkohl zubereiten • Blumenkohl waschen, in kleine Röschen schneiden und in einer großen Auflaufform verteilen • Zwiebel-Knoblauch-Mischung dazugeben und alles sorgfältig vermischen • Etwas Olivenöl, Salz und Pfeffer darübergeben und umrühren, bis der Blumenkohl rundum mit Öl vermengt ist (nicht zu viel salzen, weil der Speck schon salzig ist) • Im Ofen 15 Minuten backen

Sauce zubereiten • Die Pfanne wieder bei mittlerer Temperatur erhitzen und die Butter hineingeben • Wenn sie geschmolzen ist, Tapiokamehl hinzufügen und unter ständigem Rühren 5 Minuten anschwitzen • Vom Herd nehmen, Hefeflocken, Sahne, Senf und nach und nach Mandeldrink dazugeben, dabei stetig rühren • Mit 1 kräftigen Prise Salz würzen • Zitrone halbieren und den Saft dazupressen • Sauce 5–10 Minuten unter Rühren glatt und cremig einkochen, dabei dürfen keine Klümpchen bleiben

Topping zubereiten • Brot im Standmixer zu Semmelbröseln zerkleinern, dann Hefeflocken und Olivenöl sowie 1 Prise Salz unterrühren

Fertigstellen • Ofentemperatur auf 210 °C erhöhen • Nach 15 Minuten den Blumenkohl herausnehmen und mit der Sauce vermischen • Mit Semmelbröseln bestreuen und für weitere 10–15 Minuten wieder in den Ofen schieben, bis die Oberfläche goldbraun ist

Servieren • Frühlingszwiebeln putzen und in Ringe schneiden • Wenn die Oberfläche goldbraun ist, den Auflauf aus dem Ofen nehmen, mit Frühlingszwiebeln und frisch gemahlenem schwarzen Pfeffer bestreuen

KÄSE-PILZ-OMELETT

Nicht nur für ein Mittagessen, auch für einen ausgiebigen Brunch eignet sich dieses superleckere Omelett. Es sättigt, schmeckt großartig und ist ganz schnell gemacht.

2 PORTIONEN

FÜR DIE PILZE
100 g Champignons
1 EL helle Sojasauce
5 Tropfen flüssiges Raucharoma (nach Belieben)
1 EL Olivenöl

FÜR DIE OMELETTS
300 g Seidentofu
2 EL Speisestärke
4 EL Mehl
4 EL Hefeflocken
1 Prise gemahlene Kurkuma (nach Belieben)
Meersalz und schwarzer Pfeffer
8 Kirschtomaten
2 EL vegane Butter (zum Braten)
100 g geriebener veganer Cheddar

ZUM SERVIEREN
1 Handvoll Schnittlauch
2 Frühlingszwiebel

Backofen auf 200 °C vorheizen • Backblech • Leistungsstarker Standmixer • Mittelgroße Pfanne

Pilze backen • Pilze putzen, in dünne Scheiben schneiden und in eine Schüssel geben • Sojasauce, Raucharoma (falls verwendet) und Olivenöl hinzufügen • Gründlich verrühren, sodass die Pilze ganz mit der Flüssigkeit vermischt sind • Auf einem Backblech verteilen und 7–8 Minuten im Ofen goldbraun und knusprig backen • Dann herausnehmen und beiseitestellen

Omelett-Masse zubereiten • Tofu abtropfen lassen und mit Speisestärke, Mehl, Hefeflocken und Kurkuma (falls verwendet) in einen leistungsstarken Standmixer geben • Zu einem Teig verarbeiten • Großzügig mit Salz und Pfeffer würzen • Tomaten waschen und in kleine Stücke schneiden

Zutaten zum Servieren vorbereiten • Schnittlauch waschen, trocken schütteln und klein schneiden • Frühlingszwiebel putzen und in Ringe schneiden

Omeletts backen • 1 EL Butter in einer Pfanne bei mittlerer Temperatur erhitzen • Schmelzen lassen und die Hälfte der Tofu-Masse hineingeben und darin verteilen • 1–2 Minuten braten, bis sie etwas stockt, dann mit der Hälfte der Pilze, Tomatenstücken und geriebenem Käse bestreuen • Weitere 3 Minuten backen, dann wenden und in der Mitte zusammenklappen • Auf einen Teller geben und den Vorgang mit den restlichen Zutaten für das zweite Omelett wiederholen

Servieren • Omeletts mit Schnittlauch und Frühlingszwiebeln bestreut servieren

CHORIZO MAC AND CHEESE

Chorizo? Gut. Käse? Gut. Nudeln? Gut. Wenn du diese drei Zutaten kombinierst, erhältst du gut hoch drei. Dreifach gut. Hier werden Schalotten mit würzigen veganen Chorizos und Paprikapulver gebraten und dann mit veganem Käse und Haferdrink zu einer köstlichen Käsesauce für die Nudeln vermischt. Für zusätzlichen Crunch überbacken wir alles noch mit würzigen Semmelbröseln.

4–6 PORTIONEN ALS HAUPTSPEISE, 8 ALS BEILAGE

FÜR DEN AUFLAUF

2 Schalotten
2 TL Meersalz
1 EL Olivenöl
2 TL Knoblauchpaste
220 g vegane Chorizo
1 TL geräuchertes Paprikapulver
500 g Makkaroni
20 g vegane Butter
40 g Mehl
500 ml ungesüßter Haferdrink
200 g veganer geriebener Cheddar
10 g Hefeflocken

FÜR DIE SEMMELBRÖSEL

2 EL Olivenöl
50 g Semmelbrösel
Salz
1 TL schwarzer Pfeffer
½ TL geräuchertes Paprikapulver

Backofen auf 200 °C vorheizen • Tiefe, ofenfeste Pfanne • Kleine Pfanne • Großer Topf • Sieb

Chorizo braten • Schalotten schälen und in dünne Scheiben schneiden • In ein Sieb geben und mit Salz würzen • Olivenöl in einer tiefen Pfanne bei mittlerer Temperatur erhitzen • Schalotten hineingeben und 1 Minute dünsten • Knoblauchpaste dazugeben und noch 1 Minute unter Rühren dünsten • Chorizo in die Pfanne krümeln (dabei die Pelle entfernen) und 5–6 Minuten braten, bis sie knusprig wird, und die Schalotte goldgelb • Mit geräuchertem Paprikapulver bestreuen, noch 1 Minute unter Rühren weiterbraten, dann auf einen Teller geben und beiseitestellen (Pfanne nicht reinigen)

Semmelbrösel braten • Olivenöl in einer kleinen Pfanne bei mittlerer Temperatur erhitzen • Semmelbrösel, 1 Prise Salz, Pfeffer und geräuchertes Paprikapulver hineingeben und 4–5 Minuten goldgelb und knusprig braten • Beiseitestellen

Nudeln kochen • Nudeln in einem großen Topf mit kochendem Salzwasser bei hoher Temperatur laut Packungsanweisung kochen

Käsesauce zubereiten • Butter in die tiefe Pfanne geben und bei mittlerer Temperatur zerlassen • Das Mehl hineinstreuen und unter Rühren anschwitzen • Haferdrink unter ständigem Rühren dazugießen und sanft zu einer dicklichen Sauce einkochen • Veganen Käse und Hefeflocken hinzufügen und rühren, bis der Käse geschmolzen ist

Fertigstellen und servieren • Gekochte Nudeln unter die Sauce mischen • Chorizo ebenfalls untermengen • Mit Semmelbröseln bestreuen und die Pfanne in den Ofen stellen, Auflauf 10–15 Minuten überbacken (wenn die Pfanne nicht ofenfest ist, die Nudeln in eine Auflaufform füllen, mit Semmelbröseln bestreuen und dann in den Ofen schieben) • Herausnehmen, Auflauf auf Teller verteilen und sofort mit einem Salat als Beilage servieren

SPANAKOPITA MIT TOMATEN-GRANATAPFEL-SALAT

Für diesen griechischen Spinatkuchen braucht man eine ganze Ladung Spinat – aber es lohnt sich! Er wird mit Cashewkernen, veganem Feta, Seidentofu, frischer Minze, Dill und Petersilie zu einer seidig-weichen Masse verarbeitet. Wir überbacken sie dann mit knusprigem Filoteig, wobei ein Gericht entsteht, das alle lieben werden.

4 PORTIONEN

FÜR DIE SPANAKOPITA

1 rote Zwiebel
3 Knoblauchzehen
½ Stange Lauch
4 Frühlingszwiebeln
100 g ungesalzene Cashewkerne
400 g Spinat
2 EL Olivenöl, plus etwas mehr zum Bestreichen
Salz
200 g veganer Feta
½ TL geriebene Muskatnuss
80 g veganer Parmesan
1 Bio-Zitrone
15 g Dill
10 g Minze
5 g Oregano
10 g glatte Petersilie
300 g Seidentofu
40 g Pinienkerne
250 g veganer Filoteig

FÜR DEN TOMATENSALAT

50 g Freekeh (unreif geernteter, getrockneter und gerösteter Weizen)
2 Schalotten
12 Tomaten unterschiedlicher Größe und Farbe
1 Handvoll Granatapfelkerne
4 EL Olivenöl
2 EL Granatapfelsirup
2 EL Rotweinessig
1 TL Za'atar (Gewürzmischung)
1 TL Meersalz

Hitzebeständige Schüssel • Backofen auf 200 °C vorheizen • Pfanne • Zange • Leistungsstarker Standmixer • Feine Reibe • Auflaufform (30 x 25 cm) • Topf • Speisepinsel

Zutaten vorbereiten • Zwiebel und Knoblauch schälen und in Scheiben schneiden • Lauch und Frühlingszwiebeln putzen und in dünne Ringe schneiden • Cashewkerne in eine hitzebeständige Schüssel geben, mit 200 ml kochendem Wasser bedecken und mindestens 30 Minuten einweichen • Spinat waschen und bei mittlerer Temperatur in einer Pfanne ohne Fett kurz zusammenfallen lassen, mit einer Zange wenden • Dann zur Seite stellen

Füllung zubereiten • Olivenöl in derselben Pfanne bei mittlerer Temperatur erhitzen • Zwiebel, Knoblauch, Lauch und 1 Prise Salz hineingeben • Gut umrühren und 5–10 Minuten weich dünsten • Vom Herd nehmen und die Frühlingszwiebeln untermengen • Alles in eine große Schüssel geben und beiseitestellen • Cashewkerne abtropfen lassen, mit etwas Einweichwasser in einen leistungsstarken Standmixer geben, Feta, Muskat, Parmesan, Zitronensaft und -schale, frische Kräuter und den Seidentofu hinzufügen • Zu einer noch etwas stückigen Masse zerkleinern, dabei nach Bedarf noch etwas Einweichwasser dazugießen • Dann zu den Zwiebeln in die Schüssel geben • Spinat ausdrücken und fein hacken • Mit den Pinienkernen ebenfalls untermischen

Auflaufform füllen • Auflaufform mit Olivenöl einfetten • Mit der Hälfte des Filoteigs auslegen, dabei jedes Filoblatt mit Öl bestreichen und die Blätter nicht andrücken • Blätter an den Seiten über die Form hängen lassen • Füllung daraufgeben und mit einem Löffelrücken glatt streichen • Übrige Filoblätter zerknüllen und oben auf die Füllung legen • Überhängende Blätter nach innen einschlagen • Filoblätter obenauf mit Olivenöl einpinseln

Auflauf backen • Auflauf 20 Minuten im Ofen backen, dann die Temperatur auf 160 °C herunterschalten und nochmals 10 Minuten backen, bis die Oberfläche schön goldgelb ist

Tomatensalat zubereiten • Einen Topf bei mittlerer Temperatur erwärmen und darin den Freekeh kochen • Gerade so viel Wasser dazugießen, dass der Freekeh bedeckt ist, und bei mittlerer Temperatur 15–20 Minuten leise köcheln lassen • Schalotten schälen und in feine Ringe schneiden • Tomaten putzen, in dünne Scheiben schneiden und auf einem Servierteller verteilen • Mit Schalotten, Granatapfelkernen und Freekeh bestreuen • Olivenöl, Granatapfelsirup, Essig darüberträufeln und mit Za'atar und Salz bestreuen

Servieren • Form aus dem Ofen nehmen und etwas abkühlen lassen, dann mit dem Tomatensalat servieren

LASAGNE QUATTRO FORMAGGI

Wir lieben Lasagne, du liebst Lasagne, unsere Freund*innen lieben Lasagne, deine Freund*innen lieben Lasagne, unsere Familien lieben Lasagne, deine Familie liebt Lasagne. Wir glauben, dass alle Lasagne lieben, und wir glauben noch mehr, dass alle DIESE Lasagne lieben werden, weil sie unfassbar lecker ist. Bereite sie zu, öffne dir eine schöne Flasche Rotwein und lad' deine Freund*innen zum Essen ein! Sie lässt sich auch gut einfrieren für später.

8 PORTIONEN

350 g vegane Lasagneblätter

FÜR DAS RAGOUT

2 Zwiebeln
2 Möhren
2 Stangen Staudensellerie
2 Knoblauchzehen
1 kg braune Champignons
50 ml Olivenöl
1 TL getrocknete Chiliflocken
Meersalz und schwarzer Pfeffer
150 ml veganer Rotwein
800 g gehackte Tomaten (Dose)
50 g veganer Speck
450 g veganes Hack

FÜR DIE BÉCHAMELSAUCE

60 g Mehl
50 g Hefeflocken
800 ml ungesüßter Mandeldrink
100 g veganer Cheddar
100 g veganer Feta
100 g veganer Räucher-Cheddar
30 g veganer Parmesan

FÜR DEN SALAT

1 Zitrone
100 ml Olivenöl extravergine
Meersalz und schwarzer Pfeffer
1 Kopf Radicchio
1 Romamasalatherz
1 kleiner Kopfsalat
15 g Basilikumblätter
15 g Minzeblätter

Standmixer • Großer Topf • Große Pfanne • Backofen auf 180 °C vorheizen • Mittelgroßer Topf • Schneebesen • Kastenreibe • Lasagneform (25 x 35 cm)

Grundzutaten vorbereiten • Zwiebeln und Möhren schälen und grob hacken, Sellerie putzen und in grobe Stücke schneiden • Knoblauch schälen • Pilze putzen, halbieren und mit Zwiebeln, Möhren, Sellerie und Knoblauch in einem Standmixer per Pulse-Funktion zu Hack zerkleinern

Ragout zubereiten • 30 ml Olivenöl in einem großen Topf bei mittlerer Temperatur erhitzen, Gemüsehack und Chiliflocken mit 1 Prise Salz dazugeben und 10–12 Minuten unter gelegentlichem Rühren weich dünsten, bis der Großteil der Flüssigkeit von den Pilzen verdampft ist • Rotwein dazugießen und 3–4 Minuten leise köcheln lassen, sodass der Alkohol verdampft • Gehackte Tomaten untermengen, alles 10 Minuten sanft einkochen

Ragout fertigstellen • Speck würfeln • Restliches Olivenöl in einer großen Pfanne bei mittlerer bis hoher Temperatur erhitzen, Hack hineinbröckeln und 3–4 Minuten braun braten • Dann in die Sauce geben und Speck in der Pfanne 2–3 Minuten braten, anschließend ebenfalls in die Sauce geben • Mit Salz und Pfeffer abschmecken

Béchamelsauce zubereiten • Mehl und Hefeflocken in einen mittelgroßen Topf geben, bei hoher Temperatur erhitzen, dabei nach und nach den Drink unterrühren und 5–10 Minuten dicklich und cremig einkochen • Topfdeckel auflegen und beiseitestellen (eventuell noch einen Schuss Drink dazugießen und einrühren, bevor die Lasagne zusammengesetzt wird)

Käse vorbereiten • Käsesorten in eine Schüssel reiben und zur Seite stellen

Lasagne zusammensetzen • Ein Viertel von dem Ragout in die Lasagneform geben und auf dem Boden verstreichen • Mit einer Schicht Lasagneblätter bedecken, dabei eventuell die Blätter klein brechen, damit sie nebeneinander hineinpassen • Ein Viertel der Béchamelsauce darauf verstreichen • Gleichmäßig mit einem Viertel des Käses bestreuen • Den Vorgang wiederholen, dabei mit Béchamelsauce und Käse abschließen • Lasagne 50 Minuten im Ofen backen

Währenddessen Salat zubereiten • Zitrone halbieren und über einer großen Schüssel auspressen • Olivenöl, Salz und Pfeffer dazugeben und verquirlen • Radicchio und Salat waschen und die Blätter klein zupfen • Mit den Kräutern in die Schüssel geben und alles vermischen

Servieren • Überprüfe, ob die Lasagne gar ist – wenn die Oberseite noch zu hell ist, ein paar Minuten unter dem Backofengrill bräunen • Dann aus dem Ofen nehmen und kurz ruhen lassen, in Stücke schneiden, auf Tellern anrichten und mit Salat servieren

HERZHAFTER HALLOUMI-SALAT

Wenn du uns fragst: Salate sollten kräftige Aromen, einen schönen Biss haben und satt machen; sie sollten den Gaumen und Magen gleichermaßen erfreuen. Dieser Salat erfüllt alle Anforderungen perfekt. Bereite ihn an wärmeren Tagen zu, serviere ihn mit einem Glas kühlem, guten Weißwein, und du wirst nicht enttäuscht sein.

4 PORTIONEN

FÜR DEN HALLOUMI
300 g fester Tofu
3 Zitronen
3 EL Olivenöl
3 EL Hefeflocken
2 TL getrocknete Minze
½ TL Knoblauchpulver
Meersalz

FÜR DEN SALAT
2 rote Zwiebeln
Olivenöl
Meersalz
2 Gemüsebrühwürfel
2 rote Paprika
250 g Kirschtomaten
200 g Perlgraupen
1 Handvoll Minzeblätter
1 Beutel gemischte Salatblätter (etwa 150 g)
1 Zitrone

Backblech, mit Backpapier belegt • Großer Topf • Hitzebeständiger Rührbecher • Grillpfanne

Halloumi vorbereiten • Tofu pressen und Flüssigkeit abtropfen lassen • Zitronen halbieren und Saft in eine Schale pressen • Olivenöl, Hefeflocken, getrocknete Minze, Knoblauchpulver und 1 Prise Salz hinzufügen und zu einer glatten Paste verrühren • Tofu in 8 Scheiben schneiden • In die Schale legen und in der Paste marinieren • Dafür mindestens 2 Stunden in den Kühlschrank legen • Backofen anschließend auf 180 °C vorheizen

Halloumi backen • Tofu-Halloumi aus der Marinade nehmen und auf dem Backblech 25 Minuten im Ofen backen

Währenddessen den Salat zubereiten • Rote Zwiebeln schälen und in dicke Streifen schneiden • Einen großen Topf bei mittlerer Temperatur erhitzen und etwas Olivenöl hineingeben • Wenn es warm ist, Zwiebelstreifen und 1 Prise Salz hinzufügen, umrühren und etwa 10 Minuten dünsten, bis die Zwiebeln weich sind • Gemüsebrühe in einem hitzebeständigen Rührbecher in 600 ml kochendem Wasser auflösen • Paprika putzen und halbieren, in kleine Würfel schneiden und Tomaten waschen und halbieren • Paprika zu den Zwiebeln geben und noch 5 Minuten braten, dann die Graupen und heiße Gemüsebrühe hinzufügen • Graupen nach Packungsanweisung kochen, bis sie weich sind und die Flüssigkeit aufgenommen haben

Halloumi braten • Eine Grillpfanne bei mittlerer bis hoher Temperatur erwärmen, den gebackenen Tofu hineinlegen und 2 Minuten von beiden Seiten braten, sodass sich schöne dunkle Grillstreifen bilden • Auf einen Teller legen und mit 1 kräftigen Prise Salz würzen

Salat fertigstellen und servieren • Graupen aus dem Topf auf eine Servierplatte geben • Minze waschen, trocken schütteln, die Blätter in Streifen schneiden und mit den Salatblättern und Tomaten vermischen • Zitrone halbieren und den Saft darüber auspressen • Salat auf den Graupen anrichten und abschließend die Tofu-Halloumistücke darauflegen

POUTINE

Laut Wikipedia ist Poutine ein Gericht mit Pommes frites und Käsebruch mit einer braunen Sauce. Es entstand in den späten 1950er-Jahren im ländlichen Québec, in der Region Centre-du-Québec, wobei der genaue Ursprung unbekannt ist, und es mehrere konkurrierende Erzählungen über seine Erfindung gibt. Wir meinen: Pommes, Käse und Sauce? NA DANN LOS!

4 PORTIONEN

FÜR DIE POMMES

1 kg Kartoffeln (Sorte Maris Piper)
Meersalz
Pflanzen- oder Olivenöl zum Frittieren

FÜR DEN KÄSEBRUCH

75 g ungesalzene Cashewkerne
35 ml ungesüßter Mandeldrink
½ TL helle Misopaste
1 ½ TL Apfelessig
1 ½ EL Hefeflocken
25 g veganer geriebener Parmesan
½ kleine Knoblauchzehe
1 Prise Meersalz

FÜR DIE SAUCE

1 Gemüsebrühwürfel
3 rote Zwiebeln
4 Knoblauchzehen
Olivenöl
Meersalz
3 EL Tomatenmark
400 ml veganer Rotwein
3 Zweige Thymian
2 große Lorbeerblätter (oder 3 kleine)
1 EL Tamari (fermentierte Sojasauce)
2 TL hellbrauner Zucker

ZUM SERVIEREN

1 Handvoll glatte Petersilie
1 Prise schwarzer Pfeffer

2 große Töpfe • Küchenpapier • Leistungsstarker Standmixer • Schaumlöffel • Backblech, mit Backpapier belegt

Pommes vorbereiten • Kartoffeln zu beliebig dicken oder dünnen Pommes schneiden (wir lassen die Schale gerne dran, aber wenn du möchtest, kannst du die Kartoffeln auch schälen) • Kartoffeln in einen großen Topf mit Salzwasser geben und bei mittlerer Temperatur zum Kochen bringen • Temperatur auf niedrige Stufe schalten und 3–6 Minuten leise köcheln lassen (je nachdem, wie dick sie sind) • Dann abgießen und auf einem mit Küchenpapier ausgelegten Teller trocken tupfen

Käsebruch vorbereiten • Cashewkerne in einer hitzebeständigen Schale mit kochendem Wasser bedecken • Mindestens 20 Minuten einweichen

Sauce zubereiten • Brühe in 300 ml kochendem Wasser auflösen • Zwiebeln schälen und in dicke Ringe schneiden, Knoblauch schälen und würfeln • Einen großen Topf bei mittlerer Temperatur erwärmen und etwas Olivenöl hineingeben • Zwiebeln, Knoblauch und 1 Prise Salz hinzufügen • Gründlich umrühren und 5–10 Minuten dünsten, bis die Zwiebel weich wird • Brühe, Tomatenmark, Rotwein, Thymianzweige, Lorbeerblätter, Tamari und Zucker dazugeben • Zum Kochen bringen, dann die Temperatur herunterschalten und auf niedriger Stufe 25 Minuten leise köcheln lassen, gegebenenfalls noch einen Schuss Wasser dazugießen, wenn die Sauce zu dick wird

Käsebruch fertigstellen • Cashewkerne abgießen und in einen leistungsstarken Standmixer füllen • Mandeldrink, Miso, Apfelessig, Hefeflocken, Parmesan, Knoblauch und Salz dazugeben • Zu einer glatten, cremig-dicken Paste pürieren, falls nötig, noch etwas Mandeldrink hinzufügen • Anschließend kühl stellen

Pommes frittieren • Einen großen Topf bei mittlerer Temperatur erhitzen und etwa 4 cm hoch mit Öl füllen • Erhitzen, bis es heiß genug zum Frittieren ist – wenn man den Stiel eines Holzkochlöffels hinhält, sollten sich sofort Bläschen darum bilden • Die Kartoffeln in kleinen Portionen hineingeben und in ca. 6 Minuten goldbraun frittieren • Mit einem Schaumlöffel herausnehmen und auf einen mit Küchenpapier belegten Teller geben • Wiederholen, bis alle Pommes frittiert sind

Alternativ: Pommes im Backofen backen • Backofen auf 200 °C vorheizen • Wenn die Pommes gar sind, diese vorsichtig trocken schütteln und auf ein mit Backpapier belegtes Backblech geben • Mit Olivenöl beträufeln und etwa 40 Minuten backen, bis sie goldgelb und knusprig sind

Servieren • Pommes auf Servierteller verteilen (oder auf eine große Platte) • Mit ordentlich Sauce bedecken, zuvor Lorbeerblätter und Thymianzweige entfernen • Mit einem Teelöffel Kleckse vom Käsebruch darauf verteilen • Petersilie waschen, trocken schütteln, grob hacken und zum Garnieren darüberstreuen, mit dem schwarzen Pfeffer würzen

PARTY-PIZZA MIT WÜRSTCHEN

EmJ und ich haben einen kleinen Pizzaofen im Garten und am Ende des Sommers 2021 eine Pizza-Party für Freund*innen und Verwandte geschmissen. Unser Kumpel Luke und ich haben den Vormittag damit verbracht, alle Zutaten für den Belag vorzubereiten, und als alle ankamen, durften sie ihre eigene Pizza belegen. Das hat richtig Spaß gemacht, und es gab ein paar klasse Ergebnisse, aber die Pizza mit Würstchen war die beste. Ich hoffe, du magst sie genauso wie ich!

ERGIBT 4 PIZZEN UND 8 PIZZA-BÖDEN

FÜR DIE PIZZA-BÖDEN

850 g Weizenmehl (Type 812), plus etwas mehr zum Bestäuben
150 g feines Hartweizenmehl
1 TL feines Meersalz
14 g Trockenhefe
1 EL feiner Zucker
70 ml Olivenöl

FÜR DIE SAUCE

1 Zwiebel
3 kleine Knoblauchzehen
40 ml Olivenöl
800 g gehackte Tomaten (Dose, guter Qualität)
1 Prise feiner Zucker
1 TL Meersalz
1 TL getrockneter Oregano

FÜR DEN KNOBLAUCH-KRÄUTER-DIP

120 g vegane Mayonnaise
120 g vegane Crème fraîche oder veganer Frischkäse
1 EL Apfelessig
1 TL Salz
1 TL Knoblauchgranulat
1 TL feiner Zucker
1 TL italienische Kräuter
1 Prise schwarzer Pfeffer

Küchenmaschine • Feine Reibe • Großer Topf • 2 große, schwere Pizzableche • Pfanne • Backpapier

Pizzateig zubereiten • Alle Zutaten in eine Küchenmaschine* mit Knethaken geben und vermischen • 650 ml lauwarmes Wasser hinzufügen und alles 10 Minuten vermischen • Anschließend den Teig auf der Arbeitsfläche 3–4 Minuten von Hand kneten, bis er schön glatt ist

** Wenn du keine Küchenmaschine hast, den Teig von Hand verarbeiten. Dazu eine Vertiefung in die Mehlmischung formen und das Wasser zunächst mit einem Holzlöffel untermischen, bis ein grober Teig entsteht. Anschließend auf der Arbeitsfläche etwa 10 Minuten kneten.*

Teig fertigstellen • Teig in eine Metallschüssel legen, abdecken und an einem warmen Ort 30–45 Minuten ruhen lassen, bis er sein Volumen verdoppelt hat

Währenddessen die Sauce zubereiten • Zwiebel schälen und in Streifen schneiden • Knoblauch schälen und reiben • Olivenöl in einem großen Topf bei mittlerer Temperatur erhitzen • Zwiebel und Knoblauch hinzufügen und bei niedriger bis mittlerer Temperatur 10 Minuten anschwitzen, dabei regelmäßig umrühren, damit der Knoblauch nicht anbrennt • Temperatur höher schalten und Tomaten, Zucker, Salz und Oregano hinzufügen • Zügig bei halb zugedecktem Topf zum Kochen bringen, dann die Temperatur herunterschalten und 15–25 Minuten sanft köcheln lassen, bis sie eine schöne Konsistenz hat

Dip zubereiten • Alle Zutaten in eine Schale geben und miteinander vermengen • Bis zum Servieren in den Kühlschrank stellen • Backofen auf 250 °C vorheizen

Belag vorbereiten • Olivenöl in einer Pfanne bei mittlerer bis hoher Temperatur erhitzen, Würstchen hineingeben (dabei gegebenenfalls die Pelle entfernen), Rosmarin hinzufügen und laut Packungsanweisung schön braun braten • Mit Salz und Pfeffer würzen, dann in Scheiben schneiden • Oliven in Scheiben schneiden • Mozzarella reiben • Zwei große Pizzableche im Ofen vorwärmen

Boden zubereiten • Den aufgegangenen Teig in 8 gleich große Stücke teilen • 4 Stücke in Frischhaltefolie wickeln und sofort für später einfrieren • Die anderen 15 Minuten mit Frischhaltefolie abgedeckt ruhen lassen • Dann von Hand auf einer bemehlten Arbeitsfläche auseinanderziehen, sodass die Mitte schön dünn, und der Rand etwas dicker ist • Auf Backpapier legen

FÜR DEN PIZZABELAG
2 EL Olivenöl
8 vegane Würstchen
4 Zweige Rosmarin
Meersalz und schwarzer Pfeffer
20 g entsteinte grüne Oliven
120 g veganer Mozzarella

Pizza backen und servieren • Die heißen Bleche aus dem Ofen nehmen • Pizzateig vorsichtig darauflegen und mit Tomatensauce, grünen Oliven, Würstchen und einer Handvoll geriebenem Mozzarella belegen • Je nach Ofentemperatur 8–10 Minuten backen, bis der Teig goldbraun ist • Pizza herausnehmen, in Stücke schneiden und mit dem Dip servieren • Mit den restlichen Zutaten wiederholen, wenn die erste Pizza fertig ist

DESSERTS

5-MINUTEN-MUG-CAKE

Wenn du Lust auf ein Stückchen Kuchen zu deinem Tee hast, kannst du dir in der Zeit, in der das Teewasser kocht, einen dieser Kuchen zaubern! Eine Handvoll Zutaten aus dem Vorratsschrank, eine Rührschüssel und 80 Sekunden in der Mikrowelle, das ist alles, was du für das einfachste, leckerste Schokoküchlein für 1 Person (oder wenn du großzügig bist, für 2) brauchst.

1 PORTION

FÜR DAS KÜCHLEIN
3 EL Mehl
3 EL feiner Zucker
1 ½ EL Backkakao
½ TL Backpulver
Salz
4 EL Haferdrink
2 EL Pflanzenöl
½ TL Vanilleextrakt
30 g vegane dunkle Schokolade (etwa 3 Stücke)

ZUM SERVIEREN
vegane Eiscreme

Große mikrowellengeeignete Tasse

Für den Teig • Mehl, Zucker, Kakao, Backpulver und 2 Prisen Salz in eine große mikrowellengeeignete Tasse geben und mit einer Gabel gründlich mischen, sodass keine Klümpchen zurückbleiben • Haferdrink, Pflanzenöl und Vanilleextrakt hinzufügen und alles zu einem glatten Teig verrühren • Schokoladenstücke darauflegen und mit dem Finger oder der Gabel etwas eindrücken, damit sie in den Teig sinken

Kuchen backen • Tasse in die Mikrowelle stellen und 80 Sekunden erhitzen – nicht länger, damit der Inhalt nicht überquillt

Servieren • Tassenkuchen mit einem Klecks veganer Eiscreme darauf servieren

TIRAMISU

Manchmal verteilen wir fertige Gerichte aus der BOSH!-Küche im ganzen Büro. Dann ist das ganze Team total begeistert. Dies ist eines dieser Gerichte. Alle im Büro haben es in den höchsten Tönen gelobt, und um ehrlich zu sein, überrascht uns das nicht, denn es ist richtig, richtig gut. Wenn du Tiramisu magst und es selbst machen willst, ist dieses Rezept genau das richtige für dich. Wir haben es auf traditionelle Weise zubereitet, indem wir Kichererbsenwasser (Aquafaba) mit Zucker aufgeschlagen und dann veganen Frischkäse untergehoben haben, damit es schön luftig wird – so entstehen die leckersten Cremeschichten.

6–8 PORTIONEN

5 EL Instant-Espressopulver
3 EL Rum
150 g Aquafaba (Kichererbsenwasser; Dose)
2 TL Speisestärke
100 g feiner Zucker
500 g veganer Frischkäse
2 EL Puderzucker
1 TL Vanilleextrakt
400 g vegane Löffelbiskuits
1 ½ EL Backkakao zum Bestäuben

Hitzebeständige Schale • Elektrisches Rührgerät • Tiefe Auflaufform, etwa 35 x 30 cm • Sieb

Kaffee zubereiten • Espressopulver mit 250 ml kochendem Wasser und dem Rum in einer hitzebeständigen Schale oder einem Rührbecher verrühren, bis sich das Pulver aufgelöst hat • Auf Zimmertemperatur abkühlen lassen

Creme zubereiten • Aquafaba in eine große Schüssel geben und mit einem Handrührgerät 5–8 Minuten aufschlagen, bis es weiß und luftig wird und sich Spitzen bilden • Speisestärke und Zucker vermengen, nach und nach unter das aufgeschlagene Aquafaba rühren und noch 5 Minuten weiter rühren, bis sich der Zucker aufgelöst hat und die Masse dicklich wird • In einer separaten Schüssel Frischkäse, Puderzucker und Vanilleextrakt verquirlen (per Hand oder Handrührgerät) • Zur Aquafaba-Mischung hinzufügen und alles glatt und cremig rühren

Kekse eintunken • Löffelbiskuits nacheinander für 2–3 Sekunden (nicht länger) in die Kaffeeflüssigkeit tunken

Fertigstellen • Den Boden einer tiefen Auflaufform mit den Löffelbiskuits belegen • Die Hälfte der Frischkäsemasse darauf verstreichen • Eine dünne Schicht Kakaopulver durch ein Sieb darüberstäuben • Den Vorgang mit einer weiteren Schicht Löffelbiskuit und Creme wiederholen

Ruhen lassen • Die Form in den Kühlschrank stellen und das Tiramisu vor dem Servieren mindestens 6 Stunden ruhen lassen • Vor dem Servieren mit restlichem Kakaopulver bestäuben

APRIKOSENTARTE

Dies war eines der beliebtesten Desserts bei uns im BOSH!-Büro, als es noch in der Testphase war. Die Aprikosenscheiben werden dabei auf einer weichen Marzipanschicht verteilt und dann mit Aprikosenkonfitüre überzogen. Wenn du, wie wir, ein Fan von Gebäck zum Dessert und von Aprikosen bist, dann wird dich diese Tarte ganz sicher nicht enttäuschen.

8–10 PORTIONEN

FÜR DIE TARTE

320 g veganer Mürbeteig (Kühlregal)
6–8 Aprikosen
3 EL Aprikosenkonfitüre

FÜR DAS MARZIPAN

75 g vegane Butter, plus etwas mehr zum Einfetten
125 g feiner Zucker
75 g Aquafaba (Kichererbsenwasser aus der Dose)
1 TL Mandelextrakt
1 TL Vanilleextrakt
50 g Mehl
1 EL Speisestärke
180 g gemahlene Mandeln
½ TL Backpulver
Salz

FÜR DIE SAHNE

320 g vegane Schlagsahne
1 ½ EL Puderzucker
1 TL Vanilleextrakt

Backofen auf 180 °C vorheizen • Tarteform, 20 cm Durchmesser • Bohnen oder Reis zum Blindbacken • Schneebesen • Kleiner Topf • Speisepinsel • Sieb

Teig backen • Tarteform mit etwas Butter einfetten • Boden und Ränder mit Teig auskleiden, dabei überschüssigen Teig am Rand abschneiden • Boden mit einer Gabel mehrmals einstechen, ein Stück Backpapier darauflegen • Bohnen oder Reis darauflegen • Teig im Ofen 15 Minuten blindbacken • Anschließend das Backpapier samt Bohnen entfernen und den Boden noch weitere 10 Minuten backen, bis er hellgold ist und sich trocken anfühlt • Auf Zimmertemperatur abkühlen lassen

Marzipan zubereiten • In einer großen Schüssel Butter mit 100 g Zucker hell und schaumig aufschlagen • Nach und nach Aquafaba unterrühren • Mandel- und Vanilleextrakt unterrühren • Mehl, Speisestärke, gemahlene Mandeln, Backpulver und 1 Prise Salz in eine separate Schüssel sieben • Die trockenen Zutaten unter die feuchten mischen

Tarte fertigstellen • Aprikosen entsteinen und in 1 cm dicke Scheiben schneiden • Den abgekühlten Boden mit den restlichen 25 g Zucker bestreuen • Mandelmasse daraufgeben und mit einem Löffelrücken glatt streichen • Aprikosenscheiben spiralförmig darauflegen und andrücken • 35–45 Minuten im Ofen backen, bis die Tarte goldbraun ist

Sahne zubereiten • Sahne in einer großen Schüssel aufschlagen • Puderzucker und Vanilleextrakt unterrühren

Tarte glasieren • Aprikosenkonfitüre in einem kleinen Topf mit 1 EL Wasser verrühren und bei niedriger Temperatur erwärmen, bis sie eine sirupartige Konsistenz hat • Die fertige Tarte damit bestreichen und zum Abkühlen beiseitestellen

Servieren • Die Stücke mit ein paar Klecksen geschlagener Sahne servieren

KAFFEE-WALNUSS-KUCHEN

Kuchen ist nice, und Kaffee ist nice, aber wenn du beides kombinierst, wird es großartig! Dieses Rezept hat die perfekte Balance von reichhaltigem Espresso in einem weichen Walnussbiskuit mit ein paar Walnussstückchen für extra Crunch, gefüllt mit einer Kaffeebuttercreme. Wenn du wie wir bist, und dir ab und zu ein Stück Kuchen gönnst, musst du diesen einfach backen, denn es könnte der beste sein, den wir jemals gemacht haben! Ja, du hast richtig gelesen, der BESTE, den wir jemals gemacht haben.

ERGIBT 1 GROSSEN KUCHEN (12 PORTIONEN)

FÜR DIE BÖDEN
- 2 EL Apfelessig
- 450 ml Haferdrink
- 150 g vegane Butter, plus etwas mehr zum Einfetten
- 3 gehäufte EL Instant-Espressopulver
- 400 g heller Muscovado-Zucker
- 500 g Mehl
- 2 EL Backpulver
- 1 gestrichener TL Salz
- 100 g Walnusskerne

FÜR DIE BUTTERCREME
- 1 EL Instant-Espressopulver
- 80 g vegane Butter, zimmerwarm
- 450 g Puderzucker
- 2 ½ EL Haferdrink

ZUM BESTREUEN
- 50 g gehackte Walnusskerne

Backofen auf 180 °C vorheizen • Kleiner Topf • Böden und Ränder von 2 Backformen (23 cm Durchmesser) einfetten und mit Backpapier auskleiden • Schneebesen • Kuchengitter • Spatel

Teig vorbereiten • Apfelessig und Haferdrink in einer kleinen Schale verrühren und mindestens 15 Minuten ruhen lassen • Butter in einem kleinen Topf bei mittlerer Temperatur zerlassen • Dann auf Raumtemperatur abkühlen lassen

Böden backen • Espressopulver in einer kleinen Schale in 3 EL kochendem Wasser anrühren • Zucker, Mehl, Backpulver und Salz in eine große Schüssel geben und vermischen, sodass keine Klümpchen bleiben • Walnüsse grob hacken und zur Mehlmischung geben • Abgekühlte Butter, Haferdrink und Espresso in die Schüssel geben und alles zu einem dicken, glatten Teig verrühren • Gleichmäßig auf die beiden vorbereiteten Formen verteilen und 30 Minuten backen, bis er gar ist (eine Stäbchenprobe machen, gegebenenfalls noch weitere 5–10 Minuten backen)

Buttercreme zubereiten • Espressopulver in ½ EL kochendem Wasser anrühren und abkühlen lassen • Zimmerwarme Butter, Puderzucker, Haferdrink und Espresso in einer großen Schüssel glatt rühren

Kuchen abkühlen lassen • Die gebackenen Kuchenböden aus dem Ofen nehmen und ein paar Minuten abkühlen lassen, dann auf ein Kuchengitter stürzen • Auskühlen lassen, bis sie zimmerwarm sind

Kuchen zusammensetzen • Einen Boden auf eine Tortenplatte setzen und mit der Hälfte der Creme bestreichen • Diese mit einem Spatel schön glatt streichen • Den anderen Boden daraufsetzen und ebenfalls mit der Glasur bestreichen • Mit gehackten Walnüssen bestreuen

CRÈME BRÛLÉE

Sweet dreams are made of this, who am I to disagree? I travelled the world and seven seas, everybody's looking for something. Wenn du auch auf der Suche nach „something“ bist, und wenn das „Etwas“, das du suchst, cremig und süß ist und eine köstliche, feste Oberfläche hat, dann musst du nicht weitersuchen – hier ist es. Die zuckrige Vanillecreme ist eine wunderbare süße Leckerei, die mit karamellisiertem Zucker überzogen ist, durch deren Kruste man sich durchbeißen kann. Du kannst die Creme schon am Vortag zubereiten und kurz vor dem Servieren mit dem Flambierbrenner karamellisieren.

4 PORTIONEN

FÜR DIE CREME

150 g ungesalzene Cashewkerne
300 g Seidentofu
2 TL Vanilleextrakt
70 g hellbrauner feiner Zucker

FÜR DIE KARAMELLSCHICHT

4 EL hellbrauner feiner Zucker

Hitzebeständige Schale • Leistungsstarker Standmixer • Kleiner Topf • 4 kleine Ramekins • Tiefes Backblech • Flambierbrenner

Cashewkerne vorbereiten • Cashewkerne in eine hitzebeständige Schale geben und mit kochendem Wasser übergießen • Mindestens 2 Stunden einweichen lassen

Creme zubereiten • Nach 2 Stunden die Cashewkerne abtropfen lassen und in einen Standmixer geben • Tofu abtropfen lassen und mit dem Vanilleextrakt hinzufügen • Alles sehr glatt und cremig pürieren • Den Backofen auf 160 °C vorheizen

Zuckersirup vorbereiten • Zucker und 70 ml Wasser 10 Minuten in einem kleinen Topf bei niedriger Temperatur erhitzen, dabei den Topf gelegentlich schwenken (nicht umrühren), bis sich der Zucker aufgelöst hat • Sirup schnell in den Standmixer geben und mit der übrigen Masse vermischen

Crème brûlée zubereiten • Die Masse gleichmäßig auf 4 kleine Ramekins verteilen und diese auf ein tiefes Backblech stellen • Kochendes Wasser auf das Blech gießen (darauf achten, dass es nicht in die Förmchen läuft) • 15 Minuten im Ofen backen, bis sich die Creme leicht gesetzt hat

Crème brûlée kühlen • Nach der Backzeit die Förmchen aus dem Ofen nehmen, abkühlen lassen und über Nacht in den Kühlschrank stellen, damit die Creme fest wird

Fertigstellen • Kurz vor dem Servieren jedes Förmchen mit 1 EL Zucker bestreuen und die Oberfläche der Creme mithilfe des Flambierbrenners karamellisieren

ETON MESS

Dieser echte englische Klassiker beweist, dass ein leckeres Dessert nicht fade und schwer sein muss, um satt zu machen. Es hat die perfekte Süße, einen interessanten Biss und enthält viele saftige Früchte. Somit ist es perfekt für einen schönen Sommertag. Festes veganes Baiser wird hier mit selbst gemachtem Beerenpüree und pflanzlicher Sahne in Gläser geschichtet und mit frischer Minze garniert. Zudem ist es bei diesem Dessert unmöglich, dass es nicht hübsch aussieht!

8 PORTIONEN

FÜR DIE BAISERS
170 g Aquafaba (Kichererbsenwasser aus der Dose)
1 TL Weinsteinpulver
150 g feiner Zucker

FÜR DAS FRUCHTPÜREE
100 g Erdbeeren
100 g Himbeeren
30 g Puderzucker

FÜR DIE SAHNE
450 g vegane Schlagsahne
2 EL Puderzucker

ZUM SERVIEREN
200 g Erdbeeren
100 g Himbeeren
frische Minzeblätter

Backofen auf 100 °C vorheizen • Elektrisches Rührgerät • 2 Backbleche, mit Backpapier ausgelegt • Leistungsstarker Standmixer

Baisers zubereiten • Aquafaba in eine große Schüssel geben und mit dem elektrischen Rührgerät 7–10 Minuten aufschlagen, bis es dicklich und luftig ist und sich Spitzen bilden • Weinsteinpulver hinzufügen, anschließend den Zucker löffelweise unterrühren, bis die Masse dicklich und glänzend ist • In 8 Klecksen (jeweils etwa 2 EL) auf den mit Backpapier belegten Blechen verteilen • 1 Stunde 45 Minuten–2 Stunden im Ofen trocknen, bis sie sich leicht vom Papier lösen lassen • Den Ofen ausschalten und die Baisers darin vollständig abkühlen lassen – wenn sie noch zu feucht und klebrig sind, noch weiter bei niedriger Temperatur backen oder in der Resthitze trocknen lassen

Fruchtpüree zubereiten • Die Beeren waschen, trocken tupfen und putzen • Erdbeeren und Himbeeren mit dem Puderzucker im Standmixer pürieren

Sahne zubereiten • Sahne in einer großen Schüssel steif schlagen • Puderzucker unterrühren

Servieren • Erdbeeren waschen, putzen und in Scheiben schneiden • Baisers grob zerstoßen und drei Viertel davon sowie den Großteil der zerkleinerten Erdbeeren und alle Himbeeren unter die Sahne rühren • Fruchtpüree so unterziehen, dass ein Marmoreffekt entsteht • Auf Gläser verteilen, die restlichen (grob zerstoßenen) Baisers, Himbeeren, zerkleinerte Erdbeeren und Minzeblätter daraufgeben

ECCLESALL ECCLES CAKES

Ian wuchs in Ecclesall, einer Gegend von Sheffield, auf, und auf dem Heimweg von der Schule ging er manchmal in die Bäckerei und gönnte sich einen knusprigen, etwas bröseligen Eccles Cake mit vielen saftigen Rosinen darin. Eccles Cakes sind wunderbar köstlich, und wenn du sie bisher noch nie probiert hast, solltest du dir unbedingt eine Portion zubereiten. Serviere sie mit einem Stück veganem Cheddar, wenn dir danach ist!

8 PORTIONEN

FÜR DIE FÜLLUNG

30 g getrocknete Aprikosen
15 g vegane Butter
1 Bio-Orange
1 TL Speisestärke
60 g dunkelbrauner Zucker
85 g Korinthen und Rosinen (gemischt)
30 g gemischte kandierte Zitrusschalen
½ TL gemahlener Piment

FÜR DEN TEIG

1 Rolle veganer Blätterteig (Fertigprodukt, Kühlregal)
Haferdrink zum Bestreichen
3 EL Demerara-Zucker

ZUM SERVIEREN (NACH BELIEBEN)

veganer Käse (wir nehmen gerne reifen Cheddar)

Feine Reibe • Keksausstecher, 10 cm groß • Backblech, mit Backpapier ausgelegt • Speisepinsel

Füllung zubereiten • Getrocknete Aprikosen und Butter in kleine Stücke hacken und in eine Schüssel geben • Schale der Orange dazureiben, Orange halbieren und 1 EL von dem Saft dazupressen • Restliche Zutaten für die Füllung hinzufügen und alles sorgfältig vermischen

Teig formen • Blätterteig ausrollen • Mit einem 10 cm großen Ausstecher 8 Kreise ausstechen – dafür eventuell Teigreste neu verkneten und wieder ausrollen

Eccles Cakes zusammensetzen • Jeweils 1 gehäuften EL Füllung mittig auf die Teigkreise geben • Die Ränder mit Haferdrink bestreichen • Dann über die Füllung legen und fest zusammendrücken, sodass die Füllung eingeschlossen wird • Umdrehen und den Teig flach drücken • Mit einem Messer die Oberseite 2 Mal einschneiden • Auf das mit Backpapier ausgelegte Blech legen • Dieses für 30 Minuten in den Kühlschrank stellen, damit die Cakes fest werden • Den Backofen auf 180 °C vorheizen

Cakes backen • Die Cakes mit Haferdrink bestreichen und mit Demerara-Zucker bestreuen • 20–30 Minuten backen, bis sie goldbraun und knusprig sind

Servieren • Auf einem Teller mit veganem Käse servieren (wenn du magst)

RED-VELVET-TORTE

Wenn du uns schon länger kennst, weißt du wahrscheinlich, dass wir Kuchen LIEBEN. Wir lieben Kuchen so sehr, dass wir ihn inzwischen sogar in britischen Supermärkten verkaufen! Wir haben schon Schokoladen-, Zitronen, Vanille- und Karottenkuchen gebacken, aber noch nie eine Red-Velvet-Torte. Daher geben wir dir nun das Rezept für diesen leckeren Kuchen. Die Torte ist ein echter Hingucker – sie ist dreistöckig, mit Schichten aus Frischkäse, die sie zusammenhalten (und ein paar Zahnstochern!). Der Biskuit ist weich und hat eine leuchtend rote Farbe, dazwischen ist eine super cremige Vanilleschicht. Diese Torte werden alle mögen!

ERGIBT 1 TORTE (12 PORTIONEN)

FÜR DIE BÖDEN

2 EL Apfelessig
450 ml Haferdrink
150 g vegane Butter plus etwas mehr zum Einfetten
400 g hellbrauner feiner Zucker
500 g Mehl
2 EL Backpulver
1 EL Backkakao
1 gestrichenen TL Salz
½–1 TL vegane rote Lebensmittelfarbe

FÜR DIE FRISCHKÄSE-CREME

100 g vegane Butter (Zimmertemperatur)
500 g Puderzucker
125 g veganer Frischkäse
1 TL Vanilleextrakt

ZUM DEKORIEREN

10 g gefriergetrocknete Himbeeren oder 1 Handvoll frische Erdbeeren

Backofen auf 180 °C vorheizen • Boden und Ränder von 2 Kuchenformen (20 cm Durchmesser) einfetten und mit Backpapier auslegen • Kleiner Topf • Standmixer • Kuchengitter • Spatel

Zutaten vorbereiten • Essig und Haferdrink in einer kleinen Schüssel verrühren und beiseitestellen • Butter in einem kleinen Topf schmelzen und abkühlen lassen

Teig zubereiten • Zucker, Mehl, Back- und Kakaopulver sowie Salz in einer großen Schüssel vermischen, bis keine Klümpchen mehr vorhanden sind • Abgekühlte Butter und Haferdrink hinzufügen und alles zu einem dicken, glatten Teig verrühren

Teig färben • ½ TL rote Lebensmittelfarbe unter den Teig mischen – wenn die Farbe nicht richtig leuchtend rot ist, noch ½ TL unterrühren

Böden backen • Teig gleichmäßig auf die 2 mit Backpapier ausgekleideten Kuchenformen verteilen und 30 Minuten backen, bis er gar ist (mit einem Stäbchen eine Garprobe machen, es sollte sauber herauskommen – andernfalls die Kuchen noch weitere 5–10 Minuten backen)

Creme zubereiten • Die zimmerwarme Butter, Puderzucker, Frischkäse und Vanilleextrakt im Standmixer glatt rühren

Böden abkühlen lassen • Die gebackenen Tortenböden aus dem Ofen nehmen und in den Formen ein paar Minuten abkühlen lassen, dann auf ein Kuchengitter stürzen und das Backpapier abziehen • Auf Zimmertemperatur abkühlen lassen

Böden bestreichen • Einen Boden auf eine Tortenplatte setzen und die Hälfte der Creme daraufgeben • Die Creme mit einem Spatel gleichmäßig verstreichen • Den anderen Boden daraufsetzen und die restliche Creme daraufgeben • Mit dem Spatel die Torte rundum gleichmäßig bestreichen

Dekorieren • Gefriergetrocknete Himbeeren zerstoßen und den Rand der Tortenoberseite damit bestreuen • Werden frische Erdbeeren verwendet, diese halbieren und die Torte damit dekorieren (die Torte dann sofort servieren, damit die Erdbeeren nicht verrutschen)

HINWEIS

Mit drei Schichten wird diese Torte besonders beeindruckend • Dafür den Teig einfach auf drei 20 cm große Kuchenformen aufteilen und 30 Minuten backen • Beim Zusammensetzen die Creme in drei Portionen aufteilen • Da die Torte dann sehr hoch ist, kann man sie mit speziellen Tortendübeln stabilisieren.

AUSTRALISCHE LAMINGTON-HAPPEN

Lamington-Happen sind in Australien beliebte süße Köstlichkeiten, und wir wissen auch warum. Weicher Biskuit, süße Himbeerkonfitüre-Füllung, mit dunkler Schokoladenglasur überzogen und mit Kokosraspeln bestreut – was will man mehr?

6 STÜCK

FÜR DEN BISKUIT

1 EL Apfelessig
225 ml Haferdrink
80 g vegane Butter, plus etwas mehr zum Einfetten
200 g feiner Zucker
250 g Mehl
1 EL Backpulver
½ TL Salz

FÜR DIE SCHOKOLADENGLASUR

200 g dunkle Schokolade
50 g vegane Butter
100 ml Haferdrink
200 g Puderzucker
50 g Backkakao

FÜR DAS TOPPING

Kokosraspeln

FÜR DIE FÜLLUNG

1 Glas Himbeerkonfitüre

Kleiner Topf • Großes Backblech (etwa 20 x 30 x 3 cm), mit Backpapier belegt • Kuchengitter • Sieb

Zutaten für den Biskuit vorbereiten • Apfelessig und Haferdrink in einer kleinen Schüssel verrühren und mindestens 20 Minuten ruhen lassen • Butter in einem kleinen Topf bei mittlerer Temperatur schmelzen • Auf Zimmertemperatur abkühlen lassen • Backofen auf 180 °C vorheizen

Biskuit zubereiten • Zucker, Mehl, Backpulver und Salz in einer großen Schüssel vermischen, bis keine Klümpchen mehr vorhanden sind • Abgekühlte Butter und Haferdrink hinzufügen und alles zu einem dicken, glatten Teig vermischen • Auf dem mit Backpapier belegten Blech verstreichen und 25–30 Minuten backen (mit einem Stäbchen eine Garprobe machen, es sollte sauber herauskommen – andernfalls die Kuchen noch weitere 5–10 Minuten backen)

Biskuit abkühlen lassen • Den gebackenen Biskuit aus dem Ofen nehmen und auf ein Kuchengitter stürzen • Auf Zimmertemperatur abkühlen lassen

Glasur zubereiten • Schokolade in Stücke brechen • Schokolade und Butter in einen kleinen Topf geben und bei sehr niedriger Temperatur ein paar Minuten erwärmen, dabei ständig rühren, bis die Schokolade zu schmelzen beginnt • Dann den Haferdrink hinzufügen und solange unter Rühren weiter erwärmen, bis die Schokolade vollständig geschmolzen ist • Puderzucker und Kakaopulver dazusieben • Sorgfältig vermischen und 3–5 Minuten zu einer glatten Sauce kochen • Den Herd ausschalten und die Glasur etwas abkühlen lassen

Lamington-Happen fertigstellen • Großzügig Kokosraspeln auf ein Backblech streuen • Den abgekühlten Biskuit zweimal längs und dann dreimal quer durchschneiden – so entstehen 12 würfelige Stücke • Ein Stück oben mit Konfitüre bestreichen und ein weiteres Stück daraufsetzen (nach Bedarf die Kanten mit einem Messer gleichmäßig zurechtschneiden) • Auf ein Kuchengitter setzen und rundum mit der Glasur bestreichen, dann zügig in den Kokosraspeln wälzen und wieder auf das Gitter setzen • In einer verschlossenen Dose halten sie sich ein paar Tage im Kühlschrank oder an einem kühlen Ort

PANCAKES VOM BLECH

Pancakes können frustrieren, weil sie nacheinander ausgebacken werden. In der Familie isst man sie entweder alleine, wenn sie schön heiß sind, oder gemeinsam, wenn manche schon kalt und matschig sind. Das ist ein Problem! Unser Blech-Pfannkuchen löst dieses Problem und ermöglicht es Familien, gemeinsam am Küchentisch heiße, köstliche Stücke luftiger Pfannkuchen zu essen. Fülle den Teig in eine große Auflaufform, beträufele ihn mit flüssigem Nussmus und ziehe es durch den Teig, damit er ein wunderschönes, marmoriertes Muster bekommt, das allen gefallen wird. Der Pfannkuchen schmeckt wunderbar, wenn man ihn zusammen mit lieben Menschen und mit veganer Sahne, Ahornsirup und einer Tasse Tee dazu genießt.

6 PORTIONEN

FÜR DEN PFANNKUCHEN
350 g Mehl
3 EL feiner Zucker
1 gehäufter EL Backpulver
gut ¼ TL Salz
400 ml Mandeldrink
2 EL Pflanzenöl

FÜR DAS TOPPING
etwa 150 g flüssiges Mandel- oder Erdnussmus
1 Handvoll Himbeeren (oder andere Beeren), plus etwas mehr zum Servieren

ZUM SERVIEREN
Ahornsirup
vegane Sahne

Backofen auf 180 °C vorheizen • Große Auflaufform, mit Backpapier ausgelegt

Pfannkuchenteig zubereiten • Mehl, Zucker, Backpulver und Salz in einer großen Schüssel vermischen, bis keine Klümpchen mehr vorhanden sind • Mandeldrink und Pflanzenöl hinzufügen und alles zu einem glatten Teig verrühren

Pfannkuchen backen • Den Teig in die mit Backpapier ausgelegte Form füllen • Mit etwas Nussmus beträufeln und dieses mithilfe eines Teelöffels durch den Teig ziehen, sodass ein Marmoreffekt entsteht • Mit Himbeeren (oder anderen Beeren) bestreuen • Den Pfannkuchen 15–20 Minuten im Ofen backen, bis er goldgelb und gar ist

Servieren • Pfannkuchen heiß mit frischen Beeren, Ahornsirup und veganer Sahne dazu servieren

MILLE-FEUILLE

Cremig-dicklicher Pudding und knusprig süßes Gebäck vereinigen sich zu einem wahrhaft köstlichen Dessert, das genauso gut aussieht, wie es schmeckt. Es hat eine Weile gedauert, bis wir es perfekt hinbekommen haben, aber es war die Zeit absolut wert. Bereite eine Portion davon zu, wenn deine Großeltern das nächste Mal kommen. Sie werden sich freuen.

9 PORTIONEN

FÜR DEN TEIG
2 Rollen veganer Blätterteig (Fertigprodukt; Kühlregal)

FÜR DIE CREMEFÜLLUNG
100 g feiner Zucker
100 g veganes Puddingpulver
4 EL Speisestärke
800 ml Haferdrink
100 g vegane Sahne
1 TL Vanilleextrakt

ZUM SERVIEREN
Puderzucker

Backofen auf 180 °C vorheizen • 2 Backbleche • Schneebesen • Gusseiserner Topf • Spritzbeutel

Teig backen • Einen Blätterteig auf einem Backblech ausrollen, dabei auf dem Backpapier belassen • Mit einem Bogen Backpapier bedecken, dann ein anderes Blech daraufstellen • Mit einem ofenfesten und schweren Gegenstand beschweren – wir haben einen Bräter genommen • 30–35 Minuten backen, bis der Teig goldbraun ist

Währenddessen die Creme zubereiten • Zucker, Puddingpulver und Speisestärke in einer großen Schüssel vermischen, bis keine Klümpchen mehr vorhanden sind • Nach und nach den Haferdrink unterrühren, dabei dürfen sich keine Klümpchen bilden • Die Sahne und das Vanilleexrakt unterheben und rühren, bis alles glatt ist • Mischung in einen gusseisernen Topf geben und bei niedriger Temperatur erhitzen • Die Masse erhitzen, bis sie sehr dick ist, dabei stetig rühren, damit sich keine Klümpchen bilden • Dann in eine hitzebeständige Form füllen und mit Frischhaltefolie abdecken • Abkühlen lassen und für mindestens 2 Stunden in den Kühlschrank stellen

Teig fertigstellen • Wenn der Teig gar ist, beiseitestellen und den Vorgang mit dem anderen Blätterteig wiederholen • Anschließend zum Abkühlen zur Seite stellen

Creme zubereiten • Wenn die Creme fest ist, diese aus dem Kühlschrank nehmen und noch einmal mit dem Schneebesen auflockern, dabei darauf achten, dass sich keine Klumpen bilden • In einen Spritzbeutel füllen – alternativ kann die Creme mit einem Löffel zwischen den Teigblättern verstrichen werden

Mille-feuille zusammensetzen • Die abgekühlten Teigblätter in 18 Rechtecke schneiden (etwa 3 x 10 cm) • Jeweils auf ein Rechteck Creme spritzen oder mit einem Löffel verstreichen • Ein anderes Teigrechteck darauflegen und mit Puderzucker bestäuben

Servieren • Mille-feuilles bis zum Servieren in den Kühlschrank geben (sie halten sich bis zu 2 Tage) – so behält die Creme ihre Form

SCHWEINEÖHRCHEN

Diese hübschen kleinen Dinger erinnern uns an die Dekoration auf antiken griechischen Tongefäßen. Sie erinnern uns auch daran, wie befriedigend es ist, zu Hause leckeres Gebäck zuzubereiten. Einfach, lecker und perfekt zu einer Tasse Tee – was will man mehr?

16 STÜCK

1 Rolle veganer Blätterteig (Fertigprodukt; Kühlregal)
90 g Zucker (wir nehmen eine Mischung aus feinem, grobem und hellbraunem Zucker)
1 TL gemahlener Zimt (nach Belieben)

2 Backbleche, mit Backpapier ausgelegt

Teig vorbereiten • Blätterteig ausrollen und mit der kurzen Kante nach unten hinlegen, dabei das Backpapier darunter belassen • Zucker und Zimt vermischen • Drei Viertel davon über den Teig streuen

Schweineöhrchen formen • Die linke und rechte Seite des Teigs jeweils zur Mitte einrollen • Restlichen Zucker daraufstreuen • Die Rolle in das Backpapier rollen – dabei fest zusammenrollen, damit die Teigschichten aneinander haften und sich nicht lösen – dann in Frischhaltefolie wickeln • Für 45 Minuten in den Kühlschrank legen, damit sie fest wird • Den Backofen auf 200 °C vorheizen

Schweineöhrchen backen • Mit einem großen Brotmesser die Rolle in 1 cm dicke Scheiben (ca. 16 Stück) schneiden • Mit der Schnittfläche nach unten auf ein mit Backpapier ausgelegtes Backblech legen, dabei einen Abstand von 5 cm dazwischen lassen • 15–20 Minuten backen, bis der Zucker karamellisiert, und die Schweineöhrchen goldbraun sind • Vor dem Servieren abkühlen lassen

REGISTER

R

S

W

Z

Big Green Egg

DANKSAGUNG

Danke an unser Kreativteam, das dieses einzigartige Buch auf die Beine gestellt hat: Lizzie Mayson für die wundervollen Food-Fotos • Nicky Johnston für die hübschen Fotos von uns und unseren Freunden • Ellie Mulligan für das professionelle Food-Styling • Louie Waller für das hervorragende Requisiten-Styling • EmJ für das kunstvolle und vegane Make-up • Alexis Knox für die tollen Klamotten • Jack von Neville und Issey von Larry King für das superfrische Gemüse

Danke an unser Verlags-Team, für die Herstellung unseres bisher besten Buchs: Nira Begum • Lisa Milton, vielen Dank, dass du so vorausschauend mitdenkst und uns dieses Buch schreiben ließt • Charlie Redmayne für die stetige Unterstützung • Lucy Sykes-Thompson für das schöne Buchdesign • Laura Nickoll für dein messerscharfes Lektorat • Georgina Green für die professionelle Abwicklung des Verkaufs • Joanna Rose, Dawn Burnett, Lucy Richardson, Komal Patel und Sian Baldwin für die viele Werbung • Lizzie Mayson für das Überlassen deines wundervollen Studios

TEAM BOSH! für die ganze harte Arbeit: Nat, Anna, Lily, Guy, Tom, Elior, Joe, Nicole, Yoon, Gabrielė, Louise, Charlie, Sepps, Cat, Emily, Laila – ihr seid Legenden und wir sind glücklich, mit euch zu arbeiten • David und Gabby bei Dundas – eure Integrität und großartige Arbeit trägt dazu bei, dass wir alle bessere Entscheidungen bei der Auswahl von Lebensmitteln treffen • Danke an unser Food-Team, dass ihr dafür sorgt, dass jede*r, der/die dieses Buch liest, zu 100 % Köstlichkeit erlebt • Lily Gjertsen, Luke Robinson, Emily Dobbs, Elena Silcock und Sareta Puri: Ihr habt alle einen SO großartigen Job gemacht – Pflanzen haben noch nie so fleischig geschmeckt! • Alle bei Fiddes Payne, Finsbury, Oscar Mayer, IG Design und Baxters – danke, dass ihr uns geholfen habt, mehr Pflanzen auf die Teller zu bringen.

Geoff, Paul, Mark, Steff, Sir Crispin, David, Frank, Stephen, Liz, Mark, Guy, Tomas, Jerome, Michael, Ekow, Regine, Clive, Stephen, Rupert, Sarah, Sean, Alex, Anna – danke, dass ihr an BOSH! glaubt. Es ist großartig, dass ihr alle bei unserer Reise dabei seid!

Henrys Leute: EmJ, Berry und Chippy • Jane und Mark • Alice, Graham und das kleine Baby James • Chris, Paul und Tom Williams • Sukey, Nick, Gus und Arthur • Bruce, wir denken an dich • Claire, Nick und Xander • Alison und Curtis • John Dodd, Zoe und Stanley • Davey P, Ben und Rosie

Ians Leute: Sarah • Mum, Dad, Frances, Stew und Phoebe • Paul, Sue, Nick, Lesley und Alexander, Sean und Mills, Alex und Meg, Jamie und Milly, Mikey • Carolyn, Edward und Philip • Robin und Suzie • Josephine, Katie, Mike und Kev • Steve, Shirley, Lynsey und Kerry

Unsere guten Kumpel: Alex, Tara und Cillian • Kweku, Angie und Akaiya • Tom, Emilie, Alex und Ruby • Darren und Danielle • Anna, Beth und Rupert • Mutty • Nat, Khairan, Lennox, Ziyah und Imani • Marcus, Ellie, Jasper, Caspian, Nia und Sylvan • Ekow, Claire, Hugo und Xander • Zulf, Farhana, Ayza, Ayla und Rumi • Addison, Claire, Lola Grace, August und Stanley • Maso, Bex, Finn und Piper • Tom, Stef, Romy und Essie • CB und Nikita • Luke • Nish und Rachel • Martha, Duncan, Ernie und Morris • Josh, Charlotte, Leo, Uma und Ocho • Tim, Susie, Wren und Ember • Alex Farbz, Cat, Freddie und Samuel • Akash und Dilshad • Nick, Ruth und Finn • Janey und Jack • Joe, Ted und Familie • Louis • Leslie • Joel, Liana, Miles und bump

Danke an alle, die mit veganem Essen zu tun haben, ihr inspiriert uns – danke für alles, was ihr macht • Danke an alle Firmen von veganem Fleisch, Fisch und Proteinprodukten, dass ihr die Welt voranbringt, erneuert und ethisches, nachhaltiges Essen für jedermann erschwinglich macht. Ihr habt alle dieses Buch erst möglich gemacht • Größten Dank an alle, die uns auf Social Media folgen – jedes Like, Teilen und jeder Kommentar sorgt dafür, dass unsere Videos zu veganem Essen von Millionen gesehen werden.

Am wichtigsten: DANKE DIR! Vielen Dank, dass du dieses Buch gekauft hast – wir hoffen, dass du auf diesen Seiten dein neues Lieblingsessen findest.

Für mehr vegane Rezepte und Inspirationen,
besuch uns auf www.bosh.tv